LAWFARE
uma introdução

CONTRACORRENTE

Cristiano Zanin Martins
Valeska Teixeira Zanin Martins
Rafael Valim

LAWFARE
uma introdução

2ª Reimpressão

SÃO PAULO
2023

Copyright © EDITORA CONTRACORRENTE
Alameda Itu, 852 | 1º andar |
CEP 01421 002
www.loja-editoracontracorrente.com.br
contato@editoracontracorrente.com.br

EDITORES

Camila Almeida Janela Valim
Gustavo Marinho de Carvalho
Rafael Valim
Walfrido Warde
Silvio Almeida

EQUIPE EDITORIAL

COORDENAÇÃO DE PROJETO: Juliana Daglio
PREPARAÇÃO DE TEXTO E REVISÃO: Amanda Dorth
REVISÃO TÉCNICA: Douglas Magalhães e Ayla Cardoso
DIAGRAMAÇÃO: Pablo Madeira
CAPA: Maikon Nery

EQUIPE DE APOIO

Fabiana Celli
Carla Vasconcellos
Fernando Pereira
Valéria Pucci
Regina Gomes
Nathalia Oliveira

Dados Internacionais de Catalogação na Publicação (CIP)
(Câmara Brasileira do Livro, SP, Brasil)

ZANIN MARTINS, Cristiano; ZANIN MARTINS, Valeska Teixeira;
VALIM, Rafael.
    Lawfare: uma introdução| Cristiano Zanin Martins;
Valeska Teixeira Zanin Martins; Rafael Valim
– São Paulo: Editora Contracorrente, 2023.

Bibliografia.
    ISBN 978-85-6922-62-6

    1. Direito. 2. Lawfare. 3. Guerra jurídica.
4. Estratégia. 5. Geopolítica. I. Título.

CDD: 342   CDU: 342.7

Índices para catálogo sistemático:

1. Constitucionalismo : Direito constitucional   342.4
Eliete Marques da Silva – Bibliotecária – CRB-8/9380

@editoracontracorrente
Editora Contracorrente
@ContraEditora

SUMÁRIO

NOTA EXPLICATIVA – A GÊNESE DESTE LIVRO 9

INTRODUÇÃO 15

CAPÍTULO I – O QUE É LAWFARE? 17

    1.1 Origem e evolução do conceito 17

    1.2 O caso Lula: a emergência de uma nova definição 21

    1.3 Enquadramento teórico: a perspectiva estratégica 23

        1.3.1 Distinção entre estratégia e tática 25

    1.4 Definição 27

    1.5 Categorias contíguas 31

        1.5.1 Estado de exceção 31

        1.5.2 Ativismo judicial 33

        1.5.3 Guerras híbridas 34

CAPÍTULO II – DIMENSÕES ESTRATÉGICAS 37

    2.1 Primeira dimensão: geografia 37

    2.2 Segunda dimensão: armamento 40

        2.2.1 *FCPA – Foreign Corruption Practices Act* 42

2.2.2 O caráter complementar do armamento FCPA e FISA ... 48

2.2.3 O contexto de criação das leis anticorrupção ... 51

2.3 Terceira dimensão: externalidades ... 56

2.3.1 A mídia ... 59

2.3.2 Guerra de Informações (*Information Warfare*) ... 71

2.3.2.1 Coleta de informações ... 72

2.3.2.2 Transporte de informações ... 72

2.3.2.3 Proteção de dados ou informações ... 73

2.3.2.4 Manipulação de informações ... 73

2.3.2.5 Deturpação, degradação e negação da informação ... 74

2.3.3 Operações Psicológicas: PSYOPS ... 75

2.3.3.1 Operações de ilusão ou *deception* ... 78

CAPÍTULO III – TÁTICAS ... 81

3.1 Tipificação das táticas ... 81

3.2 Táticas correspondentes à primeira dimensão estratégica ... 82

3.2.1 *Forum Shopping* ... 83

3.2.2 Manipulação das regras de competência ou abuso e má utilização do *forum shopping* ... 85

3.2.3 *Libel tourism* ... 86

3.3.1 Denúncias sem materialidade (*frivolous charges*) ou sem justa causa ... 87

3.3.2 Excesso de prisões preventivas como forma de tortura para obtenção de delações premiadas, visando às colaborações formais e informais de investigados ... 89

3.3.3 Utilização de delações premiadas para deslegitimar e aniquilar inimigos através de falsas incriminações ... 92

3.3.4 *Overcharging* (excesso de acusação) ... 95

3.3.5 Método *carrots and sticks* (cenouras e porretes) ... 97

3.3.6 Criação de obstáculos à atuação de advogados que lutam contra arbitrariedades do Estado ... 100

3.3.7 Propositura de ações judiciais para silenciar a liberdade de expressão e difundir o medo em quem pode opor-se publicamente ao lawfare ... 102

3.3.8 Estados de exceção (criação de normas *ad hoc*) ... 103

3.4 Táticas correspondentes à terceira dimensão estratégica ... 104

3.4.1 Manipulação de pautas mobilizadoras para iniciar a perseguição ao inimigo ... 104

3.4.2 Promoção de desilusão popular: influência da opinião pública e utilização do Direito para fazer publicidade negativa ... 105

3.4.3 Escritórios de advocacia como alvos da guerra de informação ... 106

CAPÍTULO IV – ESTUDOS DE CASOS PARADIGMÁTICOS DE LAWFARE ... 111

4.1 Caso Siemens ... 111

4.2 Caso Ted Stevens ... 121

4.3 Caso Lula ... 130

A TÍTULO DE CONCLUSÃO – UM PONTO DE PARTIDA ... 141

REFERÊNCIAS BIBLIOGRÁFICAS ... 143

ANEXO – ACERVO FOTOGRÁFICO ... 151

NOTA EXPLICATIVA
A GÊNESE DESTE LIVRO

Tivemos muitos sinais, pelo menos desde 2013, de que algo ruim estava sendo inoculado no nosso país. Naquele ano ocorreram as manifestações organizadas, aparentemente, pelas redes sociais por pessoas inexpressivas ou de pouca expressão.[1] Também foram tornados públicos no mesmo ano documentos da Agência Nacional de Segurança dos Estados Unidos (NSA) indicando que os norte-americanos haviam espionado a Petrobras, dezenas de autoridades brasileiras do primeiro escalão da República, incluindo a então presidente da República Dilma Rousseff.

O ambiente político e social do país foi se acirrando naquele período. Em 2014, tivemos uma eleição presidencial com enorme polarização no país. Não bastasse, a reeleição da então presidente da República Dilma Rousseff foi logo contestada pelo candidato perdedor, Aécio Neves, elevando a tensão política e social. Em dezembro de 2015, foi aberto o processo de impeachment da então

---

1 É real a possibilidade dessas manifestações terem sido induzidas ou influenciadas pelo uso e manipulação de dados pessoais nos meios digitais.

presidente da República Dilma Rousseff, que seria concluído, com o seu afastamento definitivo, em agosto de 2016.

Nesse mesmo período em que estava sendo processado o impeachment da então presidente da República Dilma Rousseff, assumimos e passamos a liderar a defesa técnica do ex-presidente Luiz Inácio Lula da Silva em diversas investigações frívolas e sem materialidade abertas contra ele – sobretudo pela Polícia Federal e pelo Ministério Público Federal do Distrito Federal e de Curitiba. Verificamos que os atos realizados pelas autoridades envolvidas, a pretexto de aprofundar investigações sobre hipóteses acusatórias, eram praticados em sintonia com um setor expressivo da grande imprensa (*mainstream media*) e com o turbulento calendário político do país. Essa situação amplificava sobremaneira os efeitos maléficos dessas investigações que, a rigor, sequer poderiam ter sido instauradas, por absoluta ausência de elementos reais e objetivos que pudessem indicar a prática de qualquer crime pelo ex-presidente.

Verificamos, pois, que estávamos diante de algo diferente. Não era um simples caso em que precisávamos defender um cliente que estava sendo investigado pelos órgãos de persecução do Estado por suposta prática de ilícitos. Estávamos diante de uma verdadeira perseguição promovida por alguns agentes do Sistema de Justiça – compreendendo policiais, membros do Ministério Público e juízes –, em alinhamento com alguns dos mais relevantes órgãos de imprensa, visando produzir efeitos no cenário político. Eram atos orquestrados que tinham o claro objetivo de desestabilizar e derrubar o governo eleito e de impedir que sua maior expressão política, o ex-presidente da República Luiz Inácio Lula da Silva, tivesse condições de continuar no páreo para uma futura disputa eleitoral. Era claro o objetivo de aniquilá-lo pessoal e politicamente.

Tais circunstâncias nos levaram a realizar um amplo estudo, não apenas sobre os autos em que estavam se desenvolvendo tais investigações, mas também sobre trabalhos científicos disponíveis

NOTA EXPLICATIVA – A GÊNESE DESTE LIVRO

envolvendo o uso ou abuso das leis para alcançar fins políticos ou fins ilegítimos.

No Brasil, os trabalhos sobre abuso de direito, abuso de autoridade e temas correlatos não davam conta de preencher todas as características da situação que estávamos enfrentando. No plano internacional, ao realizarmos uma pesquisa nos Estados Unidos no início de 2016, deparamo-nos com o livro *Lawfare: Law as a weapon of war* (Lawfare: a lei como uma arma de guerra), escrito por Orde F. Kittrie.

O objetivo daquela obra era demonstrar que as leis e os procedimentos jurídicos estavam sendo utilizados por entidades não estatais ou até mesmo por grupos constituídos à margem da lei para alcançar efeitos similares às ações militares contra o Estado norte-americano. Ou seja, a lei estava sendo usada como uma arma de guerra para produzir efeitos militares nos Estados Unidos e em territórios em que os norte-americanos estavam envolvidos em alguma disputa bélica. O livro fazia referência e coro ao entendimento do major-general norte-americano Charles J. Dunlap Jr., quem foi responsável pela difusão do termo "lawfare".

A abordagem do livro, porém, conduziu-nos a uma análise crítica de que também no Brasil as leis e os procedimentos jurídicos estavam sendo manipulados para servir com uma espécie de arma de guerra contra o ex-presidente Lula e seus aliados políticos e que, para tanto, estavam sendo criadas na opinião pública e junto à sociedade condições favoráveis para viabilizar esse ataque – objetivando embaraçar sua participação no cenário político brasileiro e permitir que uma nova forma de poder pudesse se sobressair e se instalar no nosso país.

Logo nossa leitura encontrou amparo na visão de renomados professores de universidades norte-americanas. Jean e John Comaroff, professores de estudos africanos e afro-americanos e de antropologia na Universidade de Harvard, nos Estados Unidos, confirmaram nossa visão a partir de experiências empíricas e acadêmicas que viveram na África do Sul, no período do *apartheid* e da prisão de Nelson Mandela, posteriormente aprofundadas em solo norte-americano. Tivemos com eles intensa troca de experiências naquele período. Também o contato que mantivemos à época com David W. Kennedy, respeitado professor de Direito Internacional da Universidade de Harvard, foi relevante para a releitura que estamos desenvolvendo do lawfare a partir da nossa experiência no Brasil e também a partir do conhecimento de desdobramentos similares em toda a América Latina.

Naquele período de reflexão, a partir de pesquisas em bibliotecas universitárias e em entrevistas com renomados professores universitários, apuramos que ninguém havia desenvolvido no Brasil qualquer estudo sobre lawfare, o que tornava nossa pesquisa e nosso trabalho ainda mais desafiadores.

Em 10 de outubro de 2016, durante uma coletiva de imprensa que realizamos no nosso escritório de advocacia para tratar do caso do ex-presidente Lula, apresentamos a diversos jornalistas presentes, de veículos nacionais e estrangeiros, o conceito de lawfare, que à época definimos como o uso perverso das leis e dos procedimentos jurídicos para perseguir inimigos ou oponentes e obter resultados ilegítimos.[2] No caso de Lula os objetivos eram políticos e geopolíticos, ligados à descoberta e à exploração do petróleo na camada "pré-sal", como viria a ser confirmado posteriormente.

Nossos estudos continuaram e foram rendendo ensejo a outras entrevistas jornalísticas e à publicação de artigos sobre o tema. Tivemos com o Professor Rafael Valim, coautor desde livro

---

[2] O jornalista Fausto Macedo, do jornal *O Estado de S. Paulo*, por exemplo, fez o seguinte registro da entrevista coletiva: "advogados do ex-presidente afirmam que procuradores da República que denunciaram o petista por corrupção e lavagem de dinheiro no caso triplex usam 'tática lawfare'". Disponível em: https://politica.estadao.com.br/blogs/fausto-macedo/defesa--de-lula-diz-que-lava-jato-usa-leis-como-arma-de-guerra-para-desmoralizar--inimigo/. Acessado em: 03.09.2019.

NOTA EXPLICATIVA – A GÊNESE DESTE LIVRO

e um dileto amigo, intensos debates acadêmicos sobre o lawfare e os aspectos científicos que envolvem a matéria. Como estudioso e conhecedor do Direito Público e da temática do estado de exceção, em conjunto com Valim organizamos nossos conhecimentos sobre o tema, incrementamos nosso repertório teórico e construímos as conclusões lançadas nesta obra.

Verificamos também nesse aprofundamento dos estudos que o lawfare faz parte das formas não convencionais de guerras e de disputas militares, geopolíticas, políticas e até comerciais da atualidade que usam o Direito e as operações psicológicas de guerra para alcançar resultados ilegítimos. O lawfare é uma das formas de manifestação das "guerras hibridas", previstas em manual do exército norte-americano desde 2018 (TC 18-01).

Além de atuarmos naquele que, ao nosso ver, é o maior caso de lawfare em curso, o do ex-presidente Lula, tivemos contato e analisamos até o momento diversos outros casos em que o mesmo fenômeno se faz presente com objetivos geopolíticos, políticos ou comerciais. Também constituímos nesse interregno, juntamente com Rafael Valim, o *Lawfare Institute*,[3] entidade que congrega competentes estudiosos brasileiros e estrangeiros nas áreas do Direito, da Sociologia, da Antropologia, da Comunicação e da Psicologia, para analisar casos concretos de lawfare e também para desenvolver e difundir conteúdo acadêmico sobre esse fenômeno. O *Lawfare Institute* já teve a oportunidade de produzir alguns relatórios a partir do exame de casos concretos internacionais, como o do ex-presidente Rafael Corrêa, do Equador. O Instituto também mantém parcerias com universidades e realiza cursos sobre a matéria, permitindo-nos ampliar nosso campo de análise e de debates.

Estudos e atuação em casos concretos envolvendo o *"Foreign Corrupt Practices Act"* (FCPA), uma lei norte-americana utilizada para ampliar o poder dos Estados Unidos de punir e de arrecadar

---

3   Eis o *website* do *Lawfare Institute*: www.lawfareinstitute.com.

valores em outras jurisdições, também nos permitiu aperfeiçoar um meio bastante utilizado para a prática de lawfare.

A proposta deste livro, portanto, é a de introduzir o lawfare no debate nacional e internacional a partir de uma releitura que fizemos com base em intensos estudos sobre a matéria e também com base na experiência que adquirimos não apenas na defesa do ex-presidente Lula, mas também de outros concretos, seja na condição de advogados, seja na condição de fundadores do *Lawfare Institute*.

Finalmente, antes que o leitor possa se aprofundar sobre o tema, cabe uma importante advertência: o lawfare não se confunde com a judicialização da política e tampouco é algo que atinge somente o campo político progressista (ou de esquerda) brasileiro ou latino-americano. Ao contrário, o lawfare está acoplado às novas formas de guerras e de disputas desenvolvidas precipuamente pelos Estados Unidos e qualquer pessoa, instituição ou governo pode dele ser vítima. Basta, para tanto, que haja um conflito – geopolítico, político e comercial – e pessoas do Sistema de Justiça e dos demais órgãos que aplicam o Direito estejam dispostas a manipular as leis e os procedimentos jurídicos para atingir fins ilegítimos com o auxílio de alguns recursos de persuasão.

Ressaltamos, por fim, que o objetivo deste livro não é o de esgotar o tema, mas o de introduzir, formalmente, uma discussão sobre esse relevante fenômeno com o qual profissionais das mais diversas áreas, governantes, executivos e empresários poderão ser deparar.

CRISTIANO ZANIN MARTINS
VALESKA TEIXEIRA ZANIN MARTINS

INTRODUÇÃO

Esta obra nasce, inegavelmente, daquele que vem sendo considerado o mais emblemático caso de lawfare da atualidade: a persecução penal contra o ex-presidente Luiz Inácio Lula da Silva.[4]

Disso resultam aspectos positivos e negativos. Por um lado, tem-se acesso a um extraordinário universo empírico que, a um só tempo, inspira e confirma hipóteses teóricas. Por outro lado, entretanto, em função da repercussão do caso e das disputas políticas, comerciais e geopolíticas a ele subjacentes, o debate teórico é frequentemente interditado por distorções e vulgarizações.

O lawfare não é um mero rótulo, nem um modismo e muito menos um joguete a serviço de determinada ideologia política. Trata-se, em verdade, de um fenômeno complexo, multifacetado e que ocupa um lugar central na reflexão sobre as combalidas democracias constitucionais contemporâneas, na medida em que é capaz de solapar, de um só golpe, o princípio majoritário e o Estado de Direito.

---

[4] HOUNET, Yazid ben. "Lawfare: pourquoi il faut prendre Jean-Luc Mélenchon au sérieux". *Libération*, 24 set. 2019. Disponível em: https://www.liberation.fr/debats/2019/09/24/lawfare-pourquoi-il-faut-prendre-jean-luc-melenchon-au-serieux_1753110. Acessado em: 24.09.2019.

Também se enganam aqueles que pensam que o lawfare se restringe ao domínio político, confundindo-o com o tema do ativismo judicial. Como veremos ao longo desta obra, o lawfare pode vitimar todo e qualquer sujeito de direito e, aliás, não faltam casos contra grandes grupos empresariais.

A literatura especializada, por sua vez, tem oscilado, por via de regra, entre análises circunscritas a apenas alguns ângulos do fenômeno ou amplos estudos de casos. Eis a razão pela qual empreendemos um grande esforço para oferecer, ainda que de maneira introdutória, um quadro teórico abrangente do tema, aplicável à multifária e contingente forma mediante a qual o lawfare se apresenta na realidade.

Não nos anima, naturalmente, mero diletantismo. Neste momento histórico decisivo, em que se colocam em xeque conquistas civilizatórias inegociáveis, urge desvelar o fenômeno do lawfare e também indicar os meios de enfrentá-lo, de modo a restabelecer o verdadeiro significado do Direito. É exatamente isso que a querida leitora e o querido leitor encontrarão nas páginas deste livro.

CRISTIANO ZANIN MARTINS
VALESKA TEIXEIRA ZANIN MARTINS
RAFAEL VALIM

CAPÍTULO I

O QUE É LAWFARE?

As perguntas mais elementares são, por via de regra, as que mais nos desafiam. No tema de que ora nos ocupamos, muitos são capazes de afirmar, com a mais absoluta certeza, que uma determinada situação configura um caso de lawfare, mas não conseguem responder a seguinte pergunta: o que é lawfare?

Precatados contra esta postura censurável, já neste primeiro capítulo delinearemos a nossa definição de lawfare.

1.1 Origem e evolução do conceito

O neologismo "lawfare" é uma contração das palavras *law* (Direito) e *warfare* (guerra) e um de seus primeiros registros remonta a um artigo de John Carlson e Neville Yeomans publicado em 1975.[5] Nele se afirma que o "lawfare substitui a guerra e o duelo é com palavras e não com espadas".

---

[5] CARLSON, John; YEOMANS, Neville. "Whither Goeth the Law: Humanity or Barbarity". *In*: SMITH, Margareth; CROSSLEY, David. *The way out*: Radical alternatives in Australia. Melbourne: Lansdowne Press,

CRISTIANO Z. MARTINS, VALESKA T. Z. MARTINS & RAFAEL VALIM

Também está na origem do conceito de lawfare a obra *Unrestricted Warfare*, escrita por dois oficiais do Exército de Libertação Popular da China, na qual, embora o lawfare desempenhe um papel secundário, já figurava entre as formas alternativas de guerra, ao lado da guerra psicológica, da guerra de informação, da guerra tecnológica e da guerra econômica. Para os autores, a guerra adquire um sentido amplo na atualidade, tendo a política se tornado apenas uma de suas manifestações.[6]

O texto, porém, que popularizou o termo lawfare e orientou os debates dos últimos anos, foi escrito em 2001 pelo então coronel da Força Aérea estadunidense Charles Dunlap, para quem o "lawfare, isto é, o uso da lei como a arma da guerra, é a mais nova característica do combate do século XXI".[7] Nesse texto o autor usou o rótulo "lawfare" para *criticar* o uso estratégico do Direito, notadamente do Direito Internacional dos Direitos Humanos, para deslegitimar as campanhas militares dos Estados Unidos e de Israel, o que representaria uma ameaça à segurança nacional desses países.[8] Aliás, não é por acaso que na Estratégia Nacional de Defesa publicada pelo Pentágono em março de 2005 diz-se que a lei "é uma arma dos fracos que usam processos judiciais internacionais e o terrorismo para minar a América".[9] Outro membro do governo estadunidense da época argumentou que o "real" abuso da lei em

---

1975. Disponível em: http://www.laceweb.org.au/whi.htm. Acessado em: 03.09.2019.

[6] LIANG, Qiao; XIANGSUI, Wang. *Unrestricted warfare*. Beijing: PLA Literature and Arts Publishing House, 1999, pp. 190/191.

[7] DUNLAP JR., Charles J. "Law and Military Interventions: Preserving Humanitarian Values in 21st Century Conflicts". *Working Paper*, Cambridge (Mass.), Harvard University, John F. Kennedy School of Government, 2001, p. 2.

[8] WERNER, Wouter G. "The Curious Career of Lawfare". *Case Western Reserve Journal of International Law*, vol. 43, 2010, p. 62.

[9] *The National Defense Strategy of The United States of America*. Disponível em: https://archive.defense.gov/news/Mar2005/d20050318nds1.pdf. Acessado em: 03.09.2019.

CAPÍTULO I – O QUE É LAWFARE?

Guantánamo não veio daqueles que conduziram e autorizaram a tortura, mas dos "combatentes inimigos ilegais".

Posteriormente, o próprio Dunlap tenta conferir ao termo lawfare uma definição *neutra*,[10] a partir da ideia de que não só o inimigo pode usá-lo, senão que também poderia beneficiar a segurança nacional dos Estados Unidos, sendo "preferível às sangrentas, caras e destrutivas formas de guerra que devastaram o mundo no século XX".[11] A lei seria uma arma e, nessa medida, poderia ser empregada para alcançar fins bons ou maus. Assim, lawfare se converte em uma "estratégia de usar – ou abusar – da lei como um substituto aos meios militares tradicionais para alcançar um objetivo operacional".[12]

No mesmo ano de 2001, quando veio à luz o importante artigo de Charles Dunlap, o antropólogo americano John Comaroff propôs outro conceito para o termo lawfare. Para ele, significaria "o esforço para conquistar e controlar os povos indígenas pelo uso coercitivo de meios legais".[13] Com isso, Comaroff transfere criticamente a arma das mãos dos colonizados para as mãos do colonizador. Em 2007, John Comaroff, em conjunto com Jean Comaroff, voltou ao assunto e qualificou o lawfare como "o recurso a instrumentos legais, à violência inerente à lei, para cometer atos de coerção política",[14] além de ter observado criticamente que o lawfare enquanto "estratégia liliputiana" – ou seja, o lawfare como

---

10 KITTRIE, Orde F. *Lawfare*: law as a weapon of war. Oxford: Oxford University Press, 2016, p. 6.

11 CARTER, Phillip. "Legal combat: are enemies waging war in our courts?" *Slate*, 4 abr. 2005. Disponível em: https://slate.com/news-and-politics/2005/04/legal-combat.html. Acessado em: 03.09.2019.

12 DUNLAP JR., Charles J. "Lawfare today: a perspective". *Yale Journal of International Affairs*, 2008, p. 146.

13 COMAROFF, John L. "Colonialism, culture, and the law: a foreword". *Law & Social Inquiry*, vol. 26, 2001, p. 306.

14 COMAROFF, Jean; COMAROFF, John. "Law and disorder in postcolony". *Social Anthropology/Anthropologie Sociale*, vol. 15, 2007, p. 144.

estratégia de insurgência de grupos vulneráveis – seria uma forma de captura neoliberal da política, colocando em risco a própria afirmação dos direitos em questão.[15]

Em 2016, Orde Kittrie publica a obra *Lawfare: law as a weapon of war* e, com base nas lições de Charles Dunlap, procura aprimorar o conceito de lawfare, desdobrando-o em dois elementos: (1) a utilização da lei para criar efeitos semelhantes aos tradicionalmente almejados na ação militar convencional; (2) a ação deve ser motivada pelo desejo de enfraquecer ou destruir um adversário.[16]

Por fim, em 2017, Siri Gloppen apresenta um conceito estrito de lawfare, definindo-o como as "estratégias de mobilização jurídica que incluem alguma forma de litígio e que são motivadas por um objetivo de transformação social que vai além da vitória em um processo judicial individual".[17] Ecoa aqui, portanto, o lawfare insurgente descrito por Jean e John Comaroff, mas sem destes herdar o tom crítico. O lawfare é caracterizado como o *legítimo* uso de litígios estratégicos para promover objetivos políticos e sociais.

Atualmente, qualquer singela pesquisa pode comprovar a existência de inúmeros trabalhos acadêmicos sobre lawfare, sobretudo em língua inglesa, nos quais se alternam as propostas conceituais que acabamos de descrever. Contudo, no final de 2016, começamos a construir uma nova definição de lawfare, a qual, conforme veremos mais adiante, embora dialogue com as demais definições, com estas não se confunde.

---

[15] COMAROFF, Jean; COMAROFF, John L. *Ethnicity, Inc.* Chicago: University of Chicago Press, 2009, p. 55.

[16] KITTRIE, Orde F. *Lawfare*: law as a weapon of war. Oxford: Oxford University Press, 2016, p. 8.

[17] GLOPPEN, Siri. "Conceptualizing Lawfare". *Center on Law and Social Transformation*, 2017, p. 14. Disponível em: https://www.academia.edu/35608212/Conceptualizing_Lawfare_A_Typology_and_Theoretical_Framwork. Acessado em: 03.09.2019.

CAPÍTULO I – O QUE É LAWFARE?

1.2 O caso Lula: a emergência de uma nova definição

A persecução penal contra o ex-presidente Luiz Inácio Lula da Silva configurou uma profunda mudança de paradigma no Direito brasileiro e, em especial, no Sistema de Justiça brasileiro.

Não se estava diante de meros erros de procedimento (*error in procedendo*) ou de erros de julgamento (*error in judicando*) do Poder Judiciário. Havia método e propósitos claros em todo aquele conjunto de atos processuais e extraprocessuais do Estado, a revelar uma inaudita instrumentalização do Direito para destruir uma pessoa considerada inimiga. O Direito deixava de ser uma instância de resolução pacífica de controvérsias para se metamorfosear, perversamente, em uma arma do Estado para abater os inimigos de turno.

Um inédito fenômeno estava à espera de um nome e lawfare constituía, induvidosamente, a designação mais eloquente para aquela verdadeira guerra jurídica que estávamos testemunhando. A partir daquele momento, pois, lawfare passa a significar o *uso estratégico do Direito para fins de deslegitimar, prejudicar ou aniquilar um inimigo.*[18]

Nessa acepção o termo se projeta rapidamente na América Latina e é assimilado com grande força nos léxicos jurídico e político, em um contexto de proliferação de grandes operações de "combate" à corrupção. Ao mesmo tempo, dá-se nascimento a uma incipiente literatura jurídica sobre o tema marcada pela confusão entre lawfare e o fenômeno da judicialização da política.

No dia 04 de junho de 2019, o Papa Francisco, em discurso na Cúpula Pan-americana de Juízes sobre Direitos Sociais e Doutrina

---

[18] Dedicamos o item 1.4 deste capítulo à elucidação dessa definição.

Franciscana, adota explicitamente o vocábulo "lawfare" e aponta para a semântica por nós postulada:[19]

> (...) para manifestar a minha preocupação relativamente a uma nova forma de intervenção exógena nas arenas políticas dos países através da utilização abusiva de procedimentos legais e tipificações judiciais. O lawfare, além de colocar em sério risco a democracia dos países, é geralmente usado para minar processos políticos emergentes e tende a violar sistematicamente os direitos sociais. A fim de garantir a qualidade institucional dos Estados, é essencial detectar e neutralizar esse tipo de práticas que resultam de uma atividade judicial imprópria combinada com operações multimidiáticas paralelas.

Mais recentemente, em 07 de setembro de 2019, Jean-Luc Mélenchon, líder do movimento França Insubmissa, ao lado de mais de cento e cinquenta signatários, lançou um manifesto com a finalidade de denunciar o lawfare e nele inscreveu o caso Lula como um dos principais exemplos do fenômeno no mundo nos seguintes termos:

> há muitos exemplos. Na América do Sul, por exemplo, podemos citar o brasileiro Lula, condenado sem provas e impedido de concorrer à presidência. O seu "juiz", Sérgio Moro, tornou-se Ministro da Justiça do Presidente da extrema-direita Jair Bolsonaro.[20]

---

[19] FRANCISCO. *Discurso del Santo Padre Franscisco en la Cumbre de Jueces Panamericanos sobre derechos sociales y doctrina fransciscana.* Disponível em: http://w2.vatican.va/content/francesco/es/speeches/2019/june/documents/papa-francesco_20190604_giudici-panamericani.html?fbclid=IwAR1u0b1OogQqzfCylPYbSr13S-_mz_clj4JtcDjMEbsDOTpFzs_3jFLkcDY. Acessado em: 03.09.2019.

[20] *Stop Lawfare.* Disponível em: https://lawfare.fr/. Acessado em: 07.09.2019.

CAPÍTULO I – O QUE É LAWFARE?

Não obstante o *uso* dos conceitos ser sempre problemático, com inevitáveis influências do contexto em que está inserido, dos exemplos acima descritos, extrai-se a consagração do *sentido crítico* que outorgamos ao termo lawfare.

1.3 Enquadramento teórico: a perspectiva estratégica

Sabe-se que o Direito, em sua complexidade, não enseja um único conhecimento, senão que desperta diversos saberes específicos, segundo a pretensão do sujeito cognoscente. O Direito pode ser recortado em vários objetos de estudo, cada um com metodologias próprias, as quais se voltam à verificação da consistência do conhecimento construído.[21]

Uma das possíveis perspectivas sobre o Direito e que apenas recentemente começou a ser explorada é a *estratégica*, ou seja, o Direito se converte em objeto da ciência da estratégia.[22]

São amplamente conhecidos os ângulos dogmático, sociológico, filosófico e econômico do Direito, mas em que consistiria a leitura estratégica do Direito? Para que alcancemos essa resposta, teremos de nos debruçar, ainda que brevemente, sobre a noção de *estratégia*.

Com efeito, o vocábulo "estratégia" deriva etimologicamente da palavra grega *estrategos*, cujo significado é general, comandante, condutor de tropas,[23] e encontra no pensamento de André Beaufre

---

21 VALIM, Rafael. *O princípio da segurança jurídica no Direito Administrativo brasileiro*. São Paulo: Malheiros, 2010, p. 23.

22 Sobre as controvérsias em torno do estatuto da estratégia, ver: FERNANDES, António Horta. *O Homo estrategicus ou a ilusão de uma razão estratégica?* Lisboa: Edições Cosmos, 1998, p. 182.

23 SAINT-PIERRE, Hector Luis. "Estratégia". *In*: SAINT-PIERRE, Héctor Luis; VITELLI, Marina Gisela (Coord.). *Dicionário de segurança e defesa*. São Paulo: Editora Unesp, Imprensa Oficial do Estado de São Paulo, 2018, p. 369.

uma de suas definições mais celebradas: "a estratégia é a arte da dialética das vontades enfrentadas que utilizam a força como meio para resolver o conflito".[24]

Embora se verifique uma notória inflação teórica do conceito de estratégia na contemporaneidade,[25] cuja aplicação se espraiou para os domínios mais variados, o seu original e autêntico objeto é a *guerra*, a qual, por sua vez, no entendimento clássico de Clausewitz, traduz-se em "um ato de violência destinado a forçar o adversário a submeter-se à nossa vontade".[26]

Em rigor, ao cogitarmos de estratégia estamos aludindo à imposição de uma vontade sobre outra por meio da força. Mais uma vez nas lições de André Beaufre, "nesta dialética de vontades, a decisão é um evento de ordem psicológica que se quer produzir no adversário: convencê-lo de que se engajar ou prosseguir na luta é inútil".[27]

A estratégia se ocupa, pois, de classificar e hierarquizar eventos com o propósito de escolher os meios mais eficazes ao atingimento de certos objetivos. Trata-se de uma "disciplina de meios" a serviço de interesses políticos e econômicos.

---

24 BEAUFRE, André. *Introduction a la stratégie*. Paris: Librairie Armand Colin, 1963, p. 16.

25 Observa António Horta Fernandes: "a aplicação do termo 'estratégia' banalizou-se na actualidade. Da estratégia empresarial, à estratégia de uma equipa de futebol, o termo extensifica-se indefinidamente não só na fluidez do seu uso ordinário, como adquirindo foros de institucionalização em documentos 'sérios', ao mesmo tempo que querendo dizer tudo, acaba por nada dizer". (FERNANDES, António Horta. *O Homo estrategicus ou a ilusão de uma razão estratégica?* Lisboa: Edições Cosmos, 1998, p. 129). No mesmo sentido: MARTINS, Raul François. *Acerca do conceito de estratégia*. Lisboa: IDN, 1984, p. 99; DESPORTES, Vincent. "La stratégie en theories". *Politique étrangère*, 2014/2, p. 165.

26 CLAUSEWITZ, Carl von. *Da guerra*. 3ª ed. São Paulo: Martins Fontes, 2014, p. 7.

27 BEAUFRE, André. *Introduction a la stratégie*. Paris: Librairie Armand Colin, 1963, p. 16.

CAPÍTULO I – O QUE É LAWFARE?

Um traço fundamental da estratégia e que nos interessa especialmente é a *hostilidade*. O pensamento estratégico não é informado por uma mera contraposição de vontades ou interesses.[28] É muito mais que isso: aquele que titulariza a vontade oposta é tratado com hostilidade, como um *inimigo* a ser vencido mediante ameaças ou expedientes coercitivos.[29] Como diz Clausewitz, o objetivo imediato da guerra é *"abater* o adversário a fim de torná-lo incapaz de toda e qualquer resistência".[30]

É indispensável, ademais, estabelecer uma distinção clássica entre *estratégia* e *tática*, da qual descendem valiosas consequências em matéria da lawfare.

1.3.1 Distinção entre estratégia e tática

É corrente a afirmação de que a tática organizaria e dirigiria a ação nos *combates*, ao passo que a estratégia amalgamaria os combates para atingir os fins da *guerra*.[31] Em termos mais abstratos, o General Bonnal, em 1892, apresenta a seguinte diferenciação entre estratégia e tática: "a estratégia é a arte de conceber; a tática é a ciência da execução".[32]

---

28 DESPORTES, Vincent. "La stratégie en theories". *Politique étrangère*, 2014, p. 168.

29 Diz Raul François: "a estratégia é a arte de controlar e utilizar os recursos de um país – ou de uma coligação – inclusive as suas forças armadas a fim de promover e assegurar efectivamente os seus interesses vitais contra os inimigos, actuais, potenciais ou apenas supostos". (FRANÇOIS, Raul. *Acerca do conceito de estratégia*. Lisboa: IDN, 1984, p. 109).

30 CLAUSEWITZ, Carl von. *Da guerra*. 3ª ed. São Paulo: Martins Fontes, 2014, p. 7.

31 DESPORTES, Vincent. "La stratégie en theories". *Politique étrangère*, 2014, p. 168.

32 FRANÇOIS, Raul. *Acerca do conceito de estratégia*. Lisboa: IDN, 1984, p. 104.

Deste modo, a tática é mais pormenorizada e mais contingente, naturalmente limitada no tempo e no espaço e destinada a resolver um problema específico.[33] Já a estratégia compreende toda a campanha, inclusive a escolha das táticas e, nessa medida, assume certo grau de rigidez.

Logo, embora a estratégia subordine a tática, há uma clara *complementariedade* entre os conceitos. A estratégia determina as táticas e estas retroagem sobre aquelas. Na acertada observação de António Horta Fernandes,

> a estratégia comanda as disposições tomadas pela táctica, orientando-as, e não as supondo um mero agregado das acções tácticas, não sem que a táctica também não retroaja sobre a estratégia, com as modificações radicais de fenómeno táctico para fenómeno táctico, que se devem repercutir logicamente em diferentes estratégias.[34]

Já podemos concluir, pois, que a política ou a economia subordinam a estratégia e esta, por sua vez, subordina a tática.[35] Tal articulação é central na compreensão do lawfare.

---

[33] DESPORTES, Vincent. "La stratégie en theories". *Politique étrangère*, 2014, p. 170.

[34] FERNANDES, António Horta. *O Homo estrategicus ou a ilusão de uma razão estratégica?* Lisboa: Edições Cosmos, 1998, p. 220.

[35] Afirma Luigi Bonanate: "neste sentido, tal como a estratégia deve estar subordinada à política, assim a tática está e não pode deixar de estar subordinada à estratégia. A tática representa exatamente o meio de aplicação da estratégia. Tarefa da condução estratégica é, com efeito, uma prudente escolha dos meios (táticas), que implicam sempre o uso ou a ameaça do uso da força física, para alcançar os objetivos indicados pela política". (BONANATE, Luigi. "Estratégia e política dos armamentos". *In*: BOBBIO, Norberto; MATTEUCCI, Nicola; PASQUINO, Gianfranco (Coord.). *Dicionário de política*. vol. 1, 13ª ed. Brasília: Editora Universidade de Brasília, 2010, p. 432).

CAPÍTULO I – O QUE É LAWFARE?

1.4 Definição

Como é de geral conhecimento, as definições e as classificações não são *verdadeiras* ou *falsas*, senão que *úteis* ou *inúteis*. O critério, portanto, que as preside é o da *utilidade*, é dizer, sua fecundidade para apresentar um campo de conhecimento de maneira compreensível ou rica de consequências práticas.[36]

Naturalmente, o conceito de lawfare também deve passar por esse crivo epistemológico. Um pendor novidadeiro ou uma intenção simplesmente performática[37] não podem justificar o surgimento de uma definição ou de uma classificação.

O lawfare é um conceito decisivo para iluminar e tornar inteligível uma realidade que, apesar de sua superlativa importância, estava oculta. Em outras palavras, nenhum outro conceito conseguia explicar adequadamente o fenômeno abrangido pelo termo lawfare e é esta a razão pela qual devemos aceitá-lo.

Mas, afinal, qual é a nossa definição de lawfare? Segundo nos parece, **lawfare é o uso estratégico do Direito para fins de deslegitimar, prejudicar ou aniquilar um inimigo.**

Dissequemos essa definição, de modo a compreender os seus elementos.

O primeiro deles é o *uso estratégico do Direito*. Em rigor, levando em consideração o sentido original e autêntico de estratégia que já assinalamos, o lawfare poderia ser definido só com esse primeiro elemento. Isso porque, ao enunciar-se que do Direito se faz um uso estratégico, imediatamente se infere que as normas jurídicas se convertem em armas para atingir determinados inimigos.

---

[36] CARRIÓ, Genaro. *Notas sobre derecho y lenguaje*. 3ª ed. Buenos Aires: Abeledo-Perrot, 1986, p. 99.

[37] WERNER, Wouter G. "The Curious Career of Lawfare". *Case Western Reserve Journal of International Law*, vol. 43, 2010, p. 63.

CRISTIANO Z. MARTINS, VALESKA T. Z. MARTINS & RAFAEL VALIM

Porém, a banalização do conceito de estratégia recomenda a complementação da definição, ainda que sob pena de redundância.

Não podemos deixar de ressaltar o significado do uso estratégico do Direito. É de geral conhecimento que a força e o Direito caminham juntos. Nas palavras de Hans Kelsen, "a força e o direito não são mutuamente exclusivos. O direito é a organização da força".[38] Porém, não é qualquer relação que se estabelece entre a força e o Direito. O projeto do Direito é regular e limitar o uso da força, constituindo uma técnica para a solução pacífica de controvérsias. Na síntese de Luigi Ferrajoli, *o Direito é um instrumento a serviço da paz.*[39]

Por isso, o manejo da violência do Direito como meio para impor a vontade a determinado inimigo é a própria negação do Direito e dos direitos,[40] ou, em outro dizer, *o uso do Direito como instrumento de guerra é uma radical contradição.*[41] Podemos afirmar, por conseguinte, que o lawfare traduz um completo esvaziamento do Direito[42] e, nessa medida, não configura uma categoria *neutra*, que ora pode ser empregada para fins louváveis, ora para fins reprováveis.[43] Lawfare, em nosso entender, *sempre terá caráter negativo*, um fenômeno que sepulta o Direito.

---

[38] KELSEN, Hans. *A paz pelo direito*. São Paulo: Martins Fontes, 2011.

[39] FERRAJOLI, Luigi. *Razones jurídicas del pacifismo*. Madri: Editorial Trotta, 2004, pp. 28/29.

[40] CLAUSEWITZ, Carl von. *Da guerra*. 3ª ed. São Paulo: Martins Fontes, 2014, p. 8.

[41] FERRAJOLI, Luigi. *Razones jurídicas del pacifismo*. Madri: Editorial Trotta, 2004, p. 45.

[42] É interessante observar a reflexão de David Kennedy, segundo quem, no contexto da guerra, o uso estratégico do Direito solapa a sua legitimidade. (KENNEDY, David. *Of war and law*. Princeton: Princeton University Press, 2006, p. 136).

[43] Dennis Davis e Michelle Le Roux advogam o caráter neutro do lawfare: "lawfare should be understood as having a duality to it; it can be a good or a bad thing. It is a good thing for adjudication to be political, in the sense

CAPÍTULO I – O QUE É LAWFARE?

Note-se, oportunamente, que nos valemos do termo "Direito" na definição, de sorte a indicar que toda e qualquer norma jurídica – atos legislativos, jurisdicionais ou administrativos – e todo e qualquer aplicador – órgãos legislativos, jurisdicionais e administrativos – podem deflagrar o fenômeno do lawfare.

Também comparece na definição de lawfare, embora, como dissemos, de maneira deliberadamente redundante, a finalidade do uso estratégico do Direito, qual seja, *prejudicar, deslegitimar ou destruir um inimigo*.

Ora, em uma verdadeira democracia constitucional não se admite, de modo algum, a figura do inimigo.[44] Todas as pessoas são titulares de iguais direitos e deveres e merecem igual tratamento de todas as autoridades públicas. O lawfare, entretanto, na luminosa expressão de Zaffaroni ao tratar do inimigo, "introduz de contrabando a dinâmica da guerra no Estado de Direito",[45] apartando, à luz do celebrado binômio de Carl Schmitt, os *amigos*, aos quais

---

that it advances the constitutional project and is undertaken by litigants and judges as an instrument to ensure that the constitutional vision". (LE ROUX, Michelle; DAVIS, Dennis. *Lawfare*: Judging politics in South Africa. Johannesburg: Jonathan Ball Publishers, 2019). Igual entendimento adota Charles Dunlap: "all of this indicates that – on balance – lawfare in its many forms has been much more of a positive force than a negative one. It has illuminated the role of law in armed conflict in new ways and to new audiences. True, like a weapon it will from time to time be employed wrongly and abusively, but that need not become the norm. Lawfare's utility is optimized when it is used consistently with its original purpose of communicating to non-specialists how law might be used as a positive good in modern war as a substitute for traditional arms". (DUNLAP JR., Charles J. "Does Lawfare Need an Apologia?" *Case Western Reserve Journal of International Law*, vol. 43, 2010, p. 142).

44 Afirma Zaffaroni: "o conceito jurídico de inimigo só é admissível em um Estado absoluto". (ZAFFARONI, E. Raúl. *O inimigo no Direito Penal*. 2ª ed. Rio de Janeiro: Revan, 2007, p. 160).

45 ZAFFARONI, E. Raúl. *O inimigo no Direito Pena*. 2ª ed. Rio de Janeiro: Revan, 2007, p. 25.

se reconhecem direitos fundamentais, e os *inimigos*, dos quais é subtraída a própria condição de pessoa.[46]

Se bem analisarmos, porém, o lawfare, em termos jurídicos, é pior que a guerra travada entre Estados nacionais. Desta se ocupa o Direito Internacional Público e nela são reconhecidos direitos e deveres dos beligerantes. No lawfare, sob uma aparência de juridicidade, cometem-se todas as atrocidades, sem qualquer limite.

Uma vez exposta a definição de lawfare, resulta claro que não se trata de um *conceito jurídico*, aqui entendido na lição do Prof. Celso Antônio Bandeira de Mello como um termo relacionador de normas, ponto de aglutinação de efeitos de direito.[47] Quer-se com isso dizer que da categorização de determinado caso como lawfare não derivarão *automaticamente* efeitos jurídicos como, por exemplo, a invalidação de processos judiciais ou administrativos.

Em rigor, é um conceito extraído de um *ponto de vista externo* ao Direito,[48] por meio do qual a experiência jurídica é analisada em termos mais amplos e com auxílio de diversos saberes específicos. O conceito de lawfare, a um só tempo, *promove a denúncia da estrategização do Direito e permite revelar, a partir da ciência da estratégia, como funciona a instrumentalização das normas jurídicas para fins de guerra.*

O *ponto de vista interno* do Direito – dogmático-jurídico – seria incapaz de expor a manipulação do Direito operada pelo lawfare, sobretudo porque a validade ou invalidade dos atos jurídicos não importam nas batalhas jurídicas. *O que realmente tem relevância*

---

[46] SCHMITT, Carl. *La notion de politique*. Paris: Flammarion, 1992, p. 64.

[47] BANDEIRA DE MELLO, Celso Antônio. *Curso de Direito Administrativo*. 34ª ed. São Paulo: Malheiros, 2019, p. 384.

[48] HART, Herbert L. A. *O conceito de Direito*. 5ª ed. Lisboa: Fundação Calouste Gulbenkian, 2007, p. 99.

CAPÍTULO I – O QUE É LAWFARE?

são os resultados táticos ou estratégicos, para cujo atingimento se adotam, indistintamente, medidas legais ou ilegais.

1.5 Categorias contíguas

Delimitada a semântica abrigada no termo lawfare, cumpre agora descrevermos algumas categorias contíguas que, embora apresentem traços comuns àquele fenômeno, não podem ser com ele confundidas.

A banalização do termo lawfare nos universos jurídico e político aumenta a importância de uma conceituação rigorosa e a consequente distinção com conceitos adjacentes.

1.5.1 Estado de exceção

A primeira categoria que costuma ser articulada com o conceito de lawfare é o *estado de exceção*.

Não aprofundaremos, naturalmente, o exame do estado de exceção, o que extrapolaria os limites do presente estudo, senão que nos limitaremos a indicar alguns pontos de contato com o lawfare.

Dos mais variados ângulos de análise do tema do estado de exceção emana um conteúdo comum, traduzível na ideia de que *algumas providências estatais, fundadas em alguma anormalidade, incidem sobre uma situação de fato à revelia da solução normativa para ela prevista.*[49] É dizer: algumas situações são disciplinadas segundo a vontade da autoridade competente para decidir no caso concreto, escapando aos limites estabelecidos pelo Estado de Direito.

---

[49] VALIM, Rafael. *Estado de exceção*: a forma jurídica do neoliberalismo. São Paulo: Contracorrente, 2017, p. 25.

CRISTIANO Z. MARTINS, VALESKA T. Z. MARTINS & RAFAEL VALIM

À luz da célebre afirmação de Carl Schmitt – "soberano é quem decide sobre o estado de exceção" –,[50] podemos traçar os três elementos centrais do estado de exceção: o *soberano*, a *superação da normatividade* e o *inimigo*. O soberano tem à sua disposição a ordem jurídica e assim pode excepcioná-la para neutralizar os seus inimigos.

O estado de exceção e o lawfare têm em comum exatamente a figura do inimigo. Em ambos se pressupõe a hostilidade, a possibilidade de *combate* a um inimigo virtual, constantemente redefinido, do qual se retira, em alguns casos, a própria condição de pessoa, reduzindo-o a um outro genérico, total, irreal. Em Hobbes encontramos uma passagem esclarecedora sobre o *inimigo*:[51]

> Por último, os danos infligidos a quem é um inimigo declarado não podem ser classificados como punições. Como esse inimigo ou nunca esteve sujeito à lei, e portanto não a pode transgredir, ou esteve sujeito a ela e professa não mais o estar, negando em consequência que a possa transgredir, todos os danos que lhe possam ser causados devem ser tomados como atos de hostilidade. E numa situação de hostilidade declarada é legítimo infligir qualquer espécie de danos.

Apesar dessa característica comum, seria errôneo equiparar o lawfare ao estado de exceção. Em rigor, como a seguir veremos, *o estado de exceção é uma das táticas da segunda dimensão do lawfare*, relativa, pois, ao armamento. Se não há norma jurídica prestante à guerra, cria-se uma *ad hoc*, mediante a técnica da exceção.

---

[50] SCHMITT, Carl. *Political theology*: four chapters on the concept of sovereignty. Chicago: University of Chicago Press, 2005, p. 5.

[51] HOBBES, Thomas. *Leviatã*. 3ª ed. São Paulo: Martins Fontes, 2014, p. 265.

1.5.2 Ativismo judicial

Outra categoria que dialoga com o lawfare é o *ativismo judicial*, a que muitos denominam – em nosso ver, equivocamente – de judicialização da política.

São preciosas as palavras de Lenio Luiz Streck a respeito da distinção entre ativismo judicial e judicialização da política, as quais merecem transcrição literal:[52]

> Assim, é preciso diferenciar o ativismo judicial da judicialização da política, questão que no Brasil foi examinada com pouca profundidade, como se os fenômenos tratassem da mesma coisa. Essa dificuldade conceitual deve ser enfrentada, especialmente porque vivemos sob um regime democrático, cujas consequências do ativismo podem ser muito prejudiciais. É nesse sentido que é possível afirmar que a judicialização da política é um fenômeno, ao mesmo tempo, inexorável e contingencial, porque decorre de condições sociopolíticas, bem como consiste na intervenção do Judiciário na deficiência dos demais Poderes. Por outro lado, o ativismo é gestado no interior da própria sistemática jurídica, consistindo num ato de vontade daquele que julga, isto é, caracterizando uma "corrupção" na relação entre os Poderes, na medida em que há uma extrapolação dos limites na atuação do Judiciário pela via de uma decisão que é tomada a partir de critérios não jurídicos.

O ativismo judicial, portanto, consiste na preterição dos textos normativos em favor das convicções pessoais do intérprete – as quais podem assumir diversos rótulos: "senso de justiça", "voz das ruas", "bem comum", "interesse público", entre outros –, o que representa, por óbvio, uma subversão completa do modelo

---

[52] STRECK, Lenio Luiz. *Verdade e consenso*: Constituição, hermenêutica e teorias discursivas. 6ª ed. São Paulo: Saraiva, 2017 (edição Kindle).

de democracia constitucional. Não há bom ou mau ativismo: o sequestro dos textos legais pelos intérpretes, a despeito das boas intenções de que é revestido, sempre será pernicioso para o Estado de Direito e para a democracia.

A judicialização da política é um dado sociológico, uma decorrência do perfil das Constituições contemporâneas cujas normas avançam sobre as ordens política, econômica e social. O verdadeiro problema está na *resposta* do Sistema de Justiça à judicialização da política. Se a resposta provier das preferências ideológicas, pessoais do intérprete, teremos o ativismo judicial.

O lawfare, notadamente o lawfare de natureza política, é permeado de um ativismo judicial que busca no "combate à corrupção" uma de suas justificativas prediletas e do qual derivam profundas distorções na dinâmica democrática pela fraudulenta santificação e demonização de atores políticos.[53]

Note-se, por conseguinte, que o conceito de ativismo judicial está muito longe de revelar o fenômeno do lawfare. A estrategização do Direito realizada pelo lawfare passa ao largo da doutrina dedicada ao ativismo judicial e, nessa medida, não devem ser confundidos tais conceitos.

1.5.3 Guerras híbridas

A guerra realizada em mais de uma dimensão não é propriamente uma novidade. Mas o conceito de guerra híbrida emerge com maior nitidez no contexto de ondas de protestos que tiveram início em 2010 e atingiram diversos países do mundo árabe e que depois chegaram à Europa e à América Latina.

---

[53] MARAVALL, José María. "Rule of Law as a political weapon". *In*: MARAVALL, José María; PRZEWORSKI, Adam (Coord.). *Democracy and the Rule of Law*. Cambridge: Cambridge University Press, 2003, p. 262.

CAPÍTULO I – O QUE É LAWFARE?

Em um primeiro momento esses protestos foram saudados pela comunidade internacional, por diversos especialistas e membros de *think thanks* em nome de bandeiras genéricas como "democracia", "liberdade" e "combate à corrupção".

Um exame mais aprofundado, no entanto, permitiu verificar que tais episódios não foram espontâneos, senão que gerados em um modelo de guerra que se caracteriza pela conjugação de conhecimentos militares, comunicacionais, jurídicos e psicológicos para substituir os meios tradicionais de batalhas.

A clara opção norte-americana pela guerra híbrida em detrimento da guerra convencional foi manifestada indiretamente, por exemplo, no discurso feito pelo então presidente dos Estados Unidos Barack Obama em 2014, quando afirmou: "o Exército americano não pode ser o único componente da nossa liderança. Só porque temos o melhor martelo não significa que todo problema seja um prego".

Conforme afirma o analista político norte-americano Andre Korybko,

> a guerra não convencional não acontece sozinha e espontaneamente; em vez disso, ela é a continuação de um conflito já existente na sociedade e a função da guerra não convencional é ajudar um movimento contra o governo atuando dentro desse conflito a derrubar as autoridades.[54]

Segundo ele, "a guerra não convencional compõe o segundo e último pilar da guerra híbrida" que geralmente se inicia por meio de uma "revolução colorida" que "em si, é uma semente plantada estrategicamente com a justificativa de uma 'luta pela liberdade democrática'" e depois é sucedida por meios indiretos

---

[54] KORYBKO, Andrew. *Guerras Híbridas*: das revoluções coloridas aos golpes. São Paulo: Expressão Popular, 2018, p. 71.

CRISTIANO Z. MARTINS, VALESKA T. Z. MARTINS & RAFAEL VALIM

e com fartos mecanismos psicológicos mais intensos para se alcançar o objetivo pretendido.

O mesmo autor destaca que o documento denominado *Special Forces Unconventional Warfare* (Forças Especiais da guerra não convencional), do exército norte-americano, também conhecido como "TC 18-01", vazado por um informante e publicado pela NSNBC International em 2012, é o manual dos Estados Unidos para a prática da guerra híbrida.

O lawfare para fins geopolíticos é uma relevante faceta desse modelo de guerra híbrida e se utiliza de todos os recursos a ela inerentes. As leis e os procedimentos jurídicos são utilizados como armas de guerra para atacar o inimigo e para produzir os resultados que poderiam ser buscados ou que poderiam levar ao confronto bélico tradicional.

No caso dos EUA essa arma não convencional é potencializada pelo uso exclusivo ou concomitante do FCPA – *Foreign Corrupt Practices Act*, uma lei norte-americana que vem sendo adotada para ampliar a jurisdição dos Estados Unidos para outros países. De fato, qualquer elo com os Estados Unidos, desde o uso de sua moeda, de servidores lá situados, entre outros, como a seguir veremos, é suficiente para deflagrar ações de autoridades norte-americanas em outros países, viabilizando, assim, o lawfare com fins geopolíticos.

Disso se infere, pois, que as guerras híbridas e o lawfare guardam uma estreita relação, sendo este um importante instrumento daquelas.

CAPÍTULO II

DIMENSÕES ESTRATÉGICAS

Na lição de John Comaroff, na contemporaneidade o lawfare, à semelhança das guerras convencionais, apresenta três dimensões estratégicas: a *geografia*, o *armamento* e as *externalidades*.[55]

Debrucemo-nos sobre cada uma dessas dimensões, a fim de compreender o integral sentido e alcance do lawfare.

2.1 Primeira dimensão: geografia

A geografia é um saber estratégico e, nas palavras de Yves Lacoste, "serve, antes de tudo, para fazer a guerra".[56]

Na guerra, os acampamentos e campos de batalha são cuidadosamente escolhidos em face das vantagens ou desvantagens para se lutar contra o inimigo. As forças armadas fazem uso estratégico da cartografia, da paisagem, da geografia. Sun Tzu, em sua clássica

---

[55] *John Comaroff explica lawfare*. Disponível em: https://www.youtube.com/watch?v=skCRotOT1Lg. Acessado em: 03.09.2019.

[56] LACOSTE, Yes. *A geografia*: isso serve, em primeiro lugar, para fazer a guerra. 19ª ed. Campinas: Papirus, 2012, p. 27.

obra *A Arte da Guerra*, já no século IV a.C. destacava a importância da geografia no cálculo estratégico e afirmava peremptoriamente que "não teremos condições de comandar um exército em ação, a menos que estejamos familiarizados com a geografia do país".[57]

A escolha geográfica é, portanto, decisiva no êxito da batalha ou da guerra, constituindo, nas palavras de Sun Tzu, *"um prenúncio de vitória"*.[58]

David Galula, no mesmo sentido, afirma que o papel da geografia é de suma importância em guerras convencionais e de maior importância em guerras revolucionárias. O autor argumenta que a geografia, quando não está a favor dos que vão iniciar a batalha, pode condená-los ao fracasso mesmo antes do início do confronto. Em suas palavras, "a geografia pode enfraquecer o mais forte regime político ou fortalecer o mais fraco deles".[59]

Nos domínios do lawfare, a escolha do campo de batalha apresenta igual relevância. O campo de batalha aqui é representado pelos órgãos *públicos encarregados de aplicar o Direito*, em função de cujas inclinações interpretativas as armas a serem utilizadas terão mais ou menos força.

O *Prosecutorial Guidelines for Cases of Concurrent Jurisdiction: Making the Decision – "Which Jurisdiction Should Prosecute?"*, publicado pela *International Association of Prosecutors*, recomenda, sem rodeios, que os membros do Ministério Público devem buscar uma jurisdição onde exista maior probabilidade de condenação. Eis a dicção do manual:

---

[57] TZU, Sun. *A Arte da Guerra*. 24ª ed. Rio de Janeiro: Record, 2001, p. 92.

[58] TZU, Sun. *A Arte da Guerra*. 24ª ed. Rio de Janeiro: Record, 2001, p. 55.

[59] GALULA, David. *Counterinsurgency Warfare*: theory and practice. Londres: Praeger Security International, 2006, pp. 23/24.

CAPÍTULO II – DIMENSÕES ESTRATÉGICAS

os promotores devem identificar todas as jurisdições em que existe uma base jurídica para potenciais ações penais, mas também verificar onde existe uma perspectiva realista de obter uma condenação.[60]

Nunca é demais lembrar que uma das principais garantias processuais é o *princípio do juiz natural*, em seu duplo aspecto, de *proibição de tribunais de exceção* – nos termos do art. 5º, inc. XXXVII, da Constituição Federal: "não haverá juízo ou tribunal de exceção" – e de *garantia do juiz competente* – a teor do que dispõe o art. 5º, inc. LIII, da Constituição Federal: "ninguém será processado nem sentenciado senão pela autoridade competente".

Tratados Internacionais de Direitos Humanos ratificados pelo Brasil também veiculam a previsão explícita da garantia do juiz natural, de que são exemplos o artigo 14.1 do Pacto Internacional sobre Direitos Civis e Políticos (Decreto n. 592/1992) e o artigo 8.1 da Convenção Americana Sobre Direitos Humanos (Decreto n. 678/1992):

> PIDCP
>
> Artigo 14.1. Todas as pessoas são iguais perante os tribunais e as cortes de justiça. Toda pessoa terá o direito de ser ouvida publicamente e com devidas garantias por um tribunal competente, independente e imparcial, estabelecido por lei, na apuração de qualquer acusação de caráter penal formulada contra ela ou na determinação de seus direitos e obrigações de caráter civil (...).

---

[60] IAP. "Prosecutorial Guidelines for Cases of Concurrent Jurisdiction: Making the Decision – Which Jurisdiction Should Prosecute". *International Association of Prosecutors*. Disponível em: https://www.iap-association.org/IAP/media/IAP-Folder/IAP_Guidelines_Cases_of_Concurrent_Jurisdiction_FINAL.pdf. Acessado em: 18.01.2023.

CADH

Artigo 8.1. Toda pessoa tem direito a ser ouvida, com as devidas garantias e dentro de um prazo razoável, por um juiz ou tribunal competente, independente e imparcial, estabelecido anteriormente por lei, na apuração de qualquer acusação penal formulada contra ela, ou para que se determinem seus direitos ou obrigações de natureza civil, trabalhista, fiscal ou de qualquer outra natureza.

Lamentavelmente, entretanto, como a seguir veremos, as regras de competência são frequentemente manipuladas ou subvertidas com a finalidade de facilitar o uso, também manipulado, do armamento, isto é, das normas jurídicas empregadas na guerra jurídica.

O Brasil, conquanto esteja sujeito a respeitar o princípio do juiz natural, vem reiteradamente descumprindo-o, prodigalizando exemplos da primeira dimensão do lawfare. Mais adiante voltaremos a esse tema.

2.2 Segunda dimensão: armamento

A segunda dimensão da guerra concerne à arma com que se trava o combate. Diz respeito ao armamento mais adequado ao enfrentamento de determinado adversário.

Segundo David Galula, a escolha do armamento é uma das principais dificuldades em uma batalha. A quantidade e o tipo de armas e equipamentos disponíveis estabelecem o limite para a expansão das forças regulares dos insurgentes.[61]

No tocante ao lawfare, *o armamento é representado pelo ato normativo escolhido para vulnerar o inimigo eleito – ou, ainda, pela norma jurídica indevidamente extraída pelo intérprete do*

---

[61] GALULA, David. *Counterinsurgency Warfare*: theory and practice. Londres: Praeger Security International, 2006, p. 35.

CAPÍTULO II – DIMENSÕES ESTRATÉGICAS

texto legal. Entre os diplomas legais mais usados pelos praticantes de lawfare destacam-se os anticorrupção, antiterrorismo e relativos à segurança nacional. Isso ocorre porque tais leis, em regra, *veiculam conceitos vagos – manipuláveis facilmente –, ostentam violentas medidas cautelares e investigatórias e vulneram gravemente a imagem do inimigo.*[62]

Uma espécie mais complexa de lawfare com finalidade comercial e geopolítica se desenvolve por meio da utilização de mecanismos transnacionais de persecução. Um desses mecanismos é o *Foreign Corrupt Practices Act* (FCPA), que é uma lei estadunidense projetada originariamente para punir empresas daquele país que cometessem atos de corrupção no exterior. Atualmente é utilizada para tentar conferir jurisdição mundial aos Estados Unidos.

O tema será melhor detalhado a seguir. Adiante-se, porém, que empresas e empresários de todo o mundo estão sendo punidos e obrigados a pagar elevadas quantias aos cofres norte-americanos porque foram acusados, com o auxílio de autoridades locais, de violação ao FCPA a partir de exóticas interpretações.[63] Há, também, efeitos colaterais dessas ações dos órgãos norte-americanos com autoridades locais que acabam por resultar em acordos comerciais favoráveis a empresas ou a setores daquele país, de que é eloquente exemplo a recente operação da Embraer com a Boeing, uma estratégica empresa norte-americana.[64]

---

[62] A fragilização da imagem do inimigo favorece, naturalmente, a terceira dimensão do lawfare.

[63] Mike Koehler, em interessante artigo, explica que o FCPA vem sendo utilizado sem qualquer escrutínio judicial pelo Departamento de Justiça dos Estados Unidos para impor sanções a empresas dos mais diversos países a partir de interpretações e teses jurídicas bastante discutíveis. (KOEHLER, Mike. "The Facade of FCPA Enforcement". *Georgetown Journal of International Law*, vol. 41, nº 4, 2010).

[64] OLIVEIRA, João José; SCHINCARIOL, Juliana. "Embraer faz acordos de US$ 206 milhões com autoridades de Brasil e EUA". *Valor*, 24 out. 2016.

Em 2016, empresas brasileiras como a Embraer sofreram atos de persecução do Departamento de Justiça norte-americano e acabaram por firmar acordos com aquele órgão estrangeiro, com a cooperação das autoridades brasileiras. Tais acordos estabeleceram obrigações pecuniárias e de outras naturezas, tais como o monitoramento interno da companhia. Pouco tempo depois a Embraer foi adquirida pela Boeing e é, no mínimo, difícil crer que apenas uma afinidade comercial tenha orientado esse resultado.

2.2.1 FCPA – Foreign Corruption Practices Act

O uso estratégico do Direito ganha um destaque especial como arma de potencial devastador sobre a economia, política e geopolítica em decorrência de uma indevida ampliação conceitual e extraterritorial das leis vocacionadas ao "combate" à corrupção.

Por óbvio, a corrupção deve ser enfrentada, mas sempre dentro dos marcos do Estado de Direito, mediante processos obedientes ao devido processo legal, em que a imparcialidade e a independência do poder estatal acusatório e julgador sejam respeitadas.

O já referido *Foreign Corruption Practices Act* (FCPA), editado em 1977, faz parte da legislação norte-americana que regula a comercialização de valores mobiliários, o *Securities Exchange Act*, datado de 1934. Foi alterada pela primeira vez em 1988, quando foi introduzido o padrão de "conhecimento" na busca da violação legal, e foram acrescentados os conceitos de "desrespeito consciente" e "cegueira intencional", entre outras que concederam um caráter mais amplo e subjetivo na interpretação das violações.

A segunda alteração dessa legislação ocorreu por meio da Lei Anticorrupção Internacional de 1998. O objetivo deste diploma era o de conferir um caráter extraterritorial ao FCPA, seguindo o

---

Disponível em: https://www.valor.com.br/node/4754063. Acessado em: 18.01.2023.

CAPÍTULO II – DIMENSÕES ESTRATÉGICAS

modelo da Convenção Anticorrupção da OCDE. A partir de então, houve uma ampliação das pessoas que poderiam ser alcançadas pelo FCPA para além das fronteiras dos Estados Unidos.

Há muito tempo já se alertava para os efeitos perversos que legislações anticorrupção dotadas de conceitos tão amplos e de extraterritorialidade poderiam causar no mundo geopolítico, político e empresarial. O FCPA, dos Estados Unidos, é, sem dúvida, o melhor exemplo. Já em 2009 o Professor Andrew Brady Spalding descrevia que, do ponto de vista das ciências políticas e econômicas, as legislações anticorrupção significavam sanções econômicas *de facto* a países emergentes.[65]

Em 2011, o Comitê de Transações Empresariais Internacionais da Ordem dos Advogados da Cidade de Nova Iorque[66] alertou para as consequências negativas que o uso indiscriminado da legislação FCPA causava às transações comerciais daquele país, a saber: (i) aumento do custo das transações (exemplo: aumento de esforços de auditoria); (ii) custos de integração pós-transação (exemplo: adicionar procedimentos de *compliance* a empresas adquiridas que não se sujeitavam às normas de FCPA); (iii) aumento de risco de exposição a operações de *enforcement* e custos correlacionados (exemplo: investigações internas e pagamento de multas); e (iv) como resultado do acima descrito e outros efeitos do FCPA, o abandono e descontinuidade de transações que, em condições diversas, teriam sido levadas a bom termo. A Ordem dos Advogados de Nova Iorque também alertou, por meio do mesmo documento, que o uso excessivo daquela legislação impactava negativamente a concorrência de empresas estadunidenses e estrangeiras sujeitas ao FCPA.

---

65 SPALDING, Andrew Brady. "Unwitting sanctions: understanding anti-bribery legislation as economic sanctions against emerging markets". *Florida Law Review*, 2009.

66 NY City Bar Association. *The FCPA and its Impact on International Business Transactions – Should anything be done to minimize consequences on the US's unique position on combating offshore corruption?* Dezembro de 2011.

Vale destacar que, em 2010, tanto o DOJ quanto a SEC já anunciavam seu plano de ampliação da abrangência de execução e aplicação do FCPA, como se depreende do artigo de Andrew Weissman e Alixandra Smith.[67]

Dessa forma, até 2010, o FCPA dominava a fiscalização internacional anticorrupção quando outros países começaram a introduzir legislação mais ampla e robusta, como é o caso da Lei de Anti-Suborno do Reino Unido de 2010. A Organização Internacional de Padronização introduziu um padrão internacional de sistema de gerenciamento anticorrupção em 2016. Nos últimos anos, a cooperação em ações de execução entre países aumentou.

Essa legislação pode ser subdividida em duas partes, quais sejam: (i) medidas anticorrupção; e (ii) e as falhas de controles internos que afetem os livros e registros da empresa. A primeira parte proíbe que companhias norte-americanas (abertas ou fechadas) e seus funcionários; cidadãos americanos; companhias estrangeiras com valores mobiliários negociados em bolsa no território norte-americano ou que, por qualquer outra razão, tenham a obrigação de protocolar relatórios junto a *Securities Exchange Commission* (SEC) ou Comissão de Valores Mobiliários; ou qualquer outra pessoa em território norte-americano (a) pague, se ofereça a pagar, prometa pagar ou autorize o pagamento de dinheiro, presente ou qualquer objeto de valor; (b) a um funcionário de governo estrangeiro; (c) para obter ou conseguir negócios.

Desde 2016, ano denominado como a Era de Ouro do FCPA, dezenas de empresas – algumas delas brasileiras – formalizaram acordos com o DOJ e/ou SEC em consequência de operações de *enforcement* do FCPA, a saber:

---

[67] WEISSMAN, Andrew; SMITH, Alixandra. "Restoring Balance, proposed amendments to Foreign Corrupt Practices Act. U.S". *The FCPA Blog*, 2011. Disponível em: http://www.fcpablog.com/blog2011/4/8/jj-joinew-new-top--ten.html. Acessado em: 26.01.2023.

CAPÍTULO II – DIMENSÕES ESTRATÉGICAS

2016

1. Anheuser Busch InBev

2. Akamai Technologies

3. Analogic, BK Medical ApS, and Lars Frost

4. AstraZeneca

5. Bahn, Ban, and Harris

6. Embraer

7. General Cable

8. CSK

9. Heon Cheol Chi

10. JP Morgan Securities

11. Johnson Controls

12. Key Energy

13. LATAM Airlines, LAN Airlines, and Ignacio Cueto Plaza

14. Las Vegas Sands

15. Mexico Aviation Cases

16. Nordion and Mikhail Gourevitch

17. Nortek

18. Novartis

19. NuSkin

20. Och-Ziff

21. Odebrecht and Braskem

22. Olympus

23. PTC

24. PTC and Yu Kai Yuan

25. Qualcomm

26. Rolls-Royce

27. SciClone Pharmaceuticals

28. Teva Pharmaceuticals

29. VimpelCom

30. Jun Ping Zhang

2017

1. Halliburton

2. Mondelēz Internacional

3. Ng Lap Seng

4. Orthofix

5. PDVSA Procurement Prosecutions: Hernandez, Ardila, and Beech

6. Sociedade Química y Minera de Chile

7. Mahmound Thiam

8. Joseph Baptiste

9. Halliburton

10. Heon Cheol Chi

11. Patrick C. P. Ho

12. Keppel Offshore & Marine Ltd

CAPÍTULO II – DIMENSÕES ESTRATÉGICAS

13. Mondelez International

14. Ng Lap seng

15. Orthofix

16. SBM

17. Sociedad Química y Minera de Chile

18. Colin Steven (Embraer)

19. Mahmoud Thiam

20. Telia Company AB

21. Zimmer Biomet

2018

1. Beam Inc.

2. Credit Suisse

3. Dun & Bradstreet

4. Elbit Imaging Limited

5. Kinross Gold

6. Koolman and Parker

7. Panasonic

8. PDVSA Procurement Prosecutions

9. Petrobras

10. Eberhard Reichert-Siemens

11. Sanofi

12. Société Générale and Legg Mason

CRISTIANO Z. MARTINS, VALESKA T. Z. MARTINS & RAFAEL VALIM

13. Stryker

14. Transport Logistics International and Mark Lambert

15. United Technologies

Orde F. Kittrie cita como exemplo de lawfare comercial e geopolítico aquilo que ocorreu com a empresa Siemens entre 2006 e 2008.[68] Conforme relatamos no último capítulo desta obra, após se negar a observar o embargo comercial decretado pelos Estados Unidos ao Irã, a Siemens passou a ser alvo de procedimentos investigatórios, no âmbito do FCPA, em diversos países no mundo, que resultaram no pagamento de quantias bilionárias a título de multas e indenizações. Independentemente da admissão de práticas indevidas, a motivação para deflagrar as investigações, segundo o autor, estava ligada à intenção dos Estados Unidos de elevar a pressão externa contra o Irã, de sorte a satisfazer interesses geopolíticos.

2.2.2 O caráter complementar do armamento FCPA e FISA

Aprovada pelo congresso americano no ano de 1978, o FISA – *Foreign Intelligence Surveillance Act* (ou Lei de Vigilância de Inteligência Estrangeira, em tradução literal) inicialmente se restringia à espionagem eletrônica e telefônica. No entanto, ao decorrer dos anos, passou a sofrer diversas modificações, sendo que, nos anos 90, teve seu escopo ampliado para permitir revistas físicas relacionadas a investigações de segurança, bem como pedidos para acesso a registros telefônicos ou de *e-mails*.

Após o fatídico ataque terrorista de 11 de setembro de 2001, a autoridade de vigilância do governo sob o FISA foi aumentada e

---

[68] KITTRIE Orde F. "Lawfare and U.S. National Security". *Case Western Reserve Journal of International Law*, vol. 43, 2010.

CAPÍTULO II – DIMENSÕES ESTRATÉGICAS

os limites da referida Lei foram alterados em virtude da aprovação do *Patriot Act*.

Dessa forma, se antes o único objetivo de qualquer investigação do FISA deveria ser a coleta de informações de inteligência estrangeira, após o *Patriot Act* permitiu-se que o FISA fosse aplicado às situações em que coleta de informações estrangeiras fosse apenas um dos objetivos significativos da investigação, sem, no entanto, delimitar quais seriam tais "significativos" objetivos.

Tal falta de delimitação permitiu que a Lei de Vigilância Estrangeira fosse aplicada em qualquer investigação criminal, seja ela internacional ou não. Além disso, passou-se a permitir pedidos de interceptação genéricos, sem que fosse necessário especificar qual aparelho, seja ele telefônico ou eletrônico, objeto do monitoramento, abrindo a possibilidade, assim, de que qualquer cidadão, americano ou não, tenha as suas comunicações espionadas.

Mas não é só. A lei aprovada após os ataques de 11 de setembro também retirou do texto original do FISA a necessidade de se provar que o alvo de interceptação seria agente de potência estrangeira para que haja autorização de acesso aos seus registros telefônicos. Logo, passou a permitir que o governo americano acessasse registros de qualquer investigação para recolher informações de inteligência estrangeira, independentemente de se provar quem é o alvo e sua relação com os demais países tidos como possíveis inimigos dos Estados Unidos.

Em 2007, uma nova alteração foi realizada no texto inicial do FISA, permitindo-se que as autoridades americanas obtenham informações de inteligência estrangeira sobre pessoas localizadas fora dos Estados Unidos, cuja validade seria de seis meses.

Muito embora o caráter do *Patriot Act* fosse temporário, seus termos foram sendo reiteradamente prorrogados ao longo dos anos, não só por seu idealizador George W. Bush, mas também pelo democrata Barack Obama, tendo vigorado até 2015, quando foi substituído pelo *USA Freedom Act*.

O maior problema trazido pelo FISA ao longo dos anos é que ele vem sendo utilizado pelos Estados Unidos para monitorar potenciais rivais comerciais e não necessariamente pessoas que atentam contra a sua segurança nacional, ainda mais considerando que o Tribunal do FISA é uma Corte secreta. Com efeito, empresários e políticos estrangeiros – e agora, em especial chineses – que estão sendo processados naquele país, têm denunciado supostos abusos por parte do tribunal do FISA.

Em recente artigo na revista especializada *Global Investigations Review,*[69] Clara Hudson pergunta: "DOJ foca na China: seria uma armamentização do FCPA?" (*"DOJ Focus on China: is this a weaponizing of the FCPA?"*). Desde sua posse, o Presidente norte-americano Donald Trump iniciou uma ofensiva que alguns especialistas estão identificando como lawfare contra empresas chinesas. A "Iniciativa Chinesa" (*China Initiative*), anunciada pelo Vice Procurador-Geral dos EUA, Rod Rosenstein, promete concentrar a agressividade do armamento do FCPA contra empresas chinesas que competem comercialmente com companhias norte-americanas.

As agências norte-americanas de inteligência classificaram as empresas chinesas *ZTE* e a *Huawei* como ameaça à segurança nacional norte-americana. Em 18 de Dezembro de 2018, utilizando-se do FCPA, os procuradores do DOJ conseguiram, em cooperação com o Canadá, prender a Diretora-Financeira da Huawei.

A estratégia defensiva da China, tendo em vista as práticas conhecidas do DOJ, envolveu a aprovação de uma lei – a *International Criminal Judicial Assistance Law* – que proíbe qualquer cooperação, formal ou informal, de cidadãos e empresas chinesas com autoridades estrangeiras. Referida lei proíbe terminantemente

---

[69] Disponível em: https://globalinvestigationsreview.com/article/jac/1178387/doj-focus-on-china-%E2%80%9Cis-this-a-weaponising-of-the-fcpa-%E2%80%9D.

CAPÍTULO II – DIMENSÕES ESTRATÉGICAS

qualquer tentativa de *disclosure* de provas na China a autoridades estrangeiras que não tenham autorização do Governo Chinês. Mais uma vez fica nítida a utilização estratégica da lei no lawfare comercial e geopolítico.

De acordo com o mencionado artigo na *Global Investigations Review*, o FISA foi utilizado para monitorar executivos de empresas Chinesas, como por exemplo, o Sr. Ho, da *China Energy Fund Committee*, empresa fundada pelo conglomerado do ramo petrolífero e energético, a CEFC China Energy.

A investigação sobre o Sr. Ho não é a única que parece ter uma sobreposição entre interesses comerciais geopolíticos e de segurança nacional norte-americano, tornando nítida a utilização da legislação em referência como armamento de guerra comercial e geopolítica.

2.2.3 O contexto de criação das leis anticorrupção

No início da vigência do FCPA os Estados Unidos desenvolveram a ideia de que empresas norte-americanas ficariam em uma posição de desvantagem comercial em relação a empresas de outros países diante da proibição legal de qualquer oferecimento, promessa ou pagamento de vantagem indevida a funcionários públicos estrangeiros.

Partindo dessa premissa no plano oficial, os Estados Unidos modificaram o FCPA em 1988 e deflagraram um movimento internacional no ano seguinte para punir a prática de subornos em outros países. A OCDE – Organização para a Cooperação e Desenvolvimento Econômico, organização multilateral composta por trinta e sete países sob a liderança dos Estados Unidos, teve uma atuação decisiva para a consecução desse objetivo.

O primeiro passo foi a criação, em 1999, de grupo de trabalho *ad hoc* na OCDE para discutir o tema. Em seguida, foram apresentados trabalhos de economistas para mensurar os impactos decorrentes do suborno de funcionários públicos no desenvolvimento e na economia dos países. Durante a administração Clinton, a partir de 1993, os Estados Unidos buscaram reforçar essa ideia mediante a capacitação de diversos órgãos de governo norte-americanos que poderiam estar envolvidos na aplicação do FCPA ou da análise da prática de suborno em território estrangeiro.

Cohen e Papalaskaris observam:

> indiscutivelmente, a característica mais marcante do art. 1º é que, embora existam dois lados do suborno, a Convenção se concentra exclusivamente no "lado da oferta" ou nos doadores de suborno, e não regula o comportamento do "lado da demanda" ou dos que recebem propina.[70]

Ou seja, para a OCDE, o lado da oferta é o mais eficaz para o combate ao suborno. Além disso, a Convenção buscou ampliar o conceito de "funcionário público". Segundo a Convenção, "funcionário público estrangeiro" significa qualquer pessoa responsável por cargo legislativo, administrativo ou jurídico de um país estrangeiro, seja ela nomeada ou eleita; qualquer pessoa que exerça função pública para um país estrangeiro, inclusive para representação ou empresa pública; e qualquer funcionário ou representante de organização pública internacional" (Art. 1º, 4, "a"). Segundo o mesmo diploma, "a ação ou a omissão do funcionário no desempenho de suas funções oficiais" inclui qualquer uso do cargo do funcionário público, seja esse cargo, ou não, da competência legal do funcionário" (Art. 1º, 4, "c").

A OCDE estabeleceu um grupo de trabalho para a implementação da Convenção por meio de alterações legislativas nos países-membros e também em outros países que aceitaram aderir

---

[70] COHEN, Paul H.; PAPALASKARIS, Angela M. *International Corruption*. 2ª ed. Londres: Sweet & Maxwell, 2018, pp. 76/77.

CAPÍTULO II – DIMENSÕES ESTRATÉGICAS

ao diploma. No Brasil, a Convenção foi promulgada por meio do Decreto n. 3.678, de 30 de novembro de 2000.

O FCPA e a Convenção Antissuborno da OCDE são, indiscutivelmente, instrumentos relevantes nos esforços internacionais para o combate à corrupção.

No entanto, não se pode deixar de reconhecer em tais diplomas potentes armas para a prática de lawfare político, geopolítico e comercial. Por meio da Convenção a OCDE consegue, com maior facilidade, introduzir na legislação de países-membros ou daqueles que, por qualquer razão, aceitam se submeter ao diploma, conceitos amplos sobre o conceito de funcionário público e, ainda, obrigações específicas no combate à corrupção, inclusive a cooperação internacional. Já por meio do FCPA, como já exposto nesta obra, os Estados Unidos conseguem ampliar sobremaneira sua jurisdição sobre outros Estados nacionais sob o pretexto de alguma prática ilícita que envolva algum elemento relacionado ao território norte-americano (servidor de *e-mails*, moeda, filial etc.).

Porém, essa visão crítica da realidade contemporânea lamentavelmente parece não estar sendo levada em consideração e diversos países vêm aceitando, sem qualquer contestação, essa interferência norte-americana – seja pela cooperação dada aos órgãos daquele país (em especial o DOJ e a SEC) para a aplicação do FCPA, seja pela modificação das respectivas leis e da jurisprudência com base na Convenção da OCDE.

O Brasil é um exemplo claríssimo do que acabamos de afirmar. O país realizou alterações em sua legislação relacionada ao combate à corrupção após a promulgação da Convenção sobre o Combate da Corrupção de Funcionários Públicos Estrangeiros em Transações Comerciais Internacionais no ano de 2000 – durante o governo do ex-presidente Fernando Henrique Cardoso.

As alterações mais profundas na legislação brasileira anticorrupção, porém, foram realizadas durante os governos dos ex-presidentes

CRISTIANO Z. MARTINS, VALESKA T. Z. MARTINS & RAFAEL VALIM

Lula e Dilma. O ápice desse movimento foi a promulgação da Lei n. 12.850/2013, durante o governo Dilma, que positivou os crimes de organização criminosa e de obstrução de Justiça e, ainda, tornou possível para a investigação dessa modalidade delitiva a utilização de delações premiadas e de mecanismos altamente invasivos, tais como a ação controlada e a infiltração de agentes.

Observemos o crime de obstrução de Justiça. O art. 2º, § 1º, da Lei n. 12.850/13 diz que incorrerá em tal crime aquele que "impede ou, de qualquer forma, embaraça a investigação de infração penal que envolva organização criminosa". Como se vê, o conceito é muito vago – e, por isso, incompatível com a legalidade estrita que deveria ser observada em tipos penais. Mas esse dispositivo vem sendo aplicado com bastante frequência para justificar a prisão cautelar e a condenação de acusados e, ainda, para criar um contexto propício à obtenção de um acordo de colaboração, com vistas à confirmação da hipótese acusatória. Os acordos de delação premiada, por seu turno, carecem de densidade normativa, uma vez que o instituto está previsto em um único dispositivo da Lei n. 12.850/13 (art. 4º) e tem sido utilizado repetidamente pelos órgãos de persecução (Polícia e Ministério Público) para superar a falta de prova de culpa de pessoas acusadas ou, pior, de alvos previamente eleitos.

Nesse contexto, pode-se dizer que a Lei n. 12.850/13 se tornou a maior arma da prática do lawfare no Brasil atualmente.

Sem prejuízo da ênfase dada à Lei n. 12.850/13, outros diplomas são utilizados também com frequência na prática de lawfare. Nessa direção, podemos citar o uso estratégico das leis e dos procedimentos jurídicos relativos ao *impeachment*. Essa situação – tipicamente de lawfare – vem chamando a atenção de alguns Ministros do Supremo Tribunal Federal. Na sessão de 29 de outubro de 2019 da 2ª. Turma do Supremo Tribunal Federal, durante o julgamento do Agravo na Reclamação n. 33.391/CE, da relatoria da Ministra Cármen Lúcia, o Ministro Gilmar Mendes, ao proferir seu voto, registrou preocupação com o crescente número de recursos recebidos em seu gabinete

CAPÍTULO II – DIMENSÕES ESTRATÉGICAS

tratando de *impeachment* no âmbito municipal. Na oportunidade, Mendes ressaltou que o tema merece uma análise mais detida a fim de verificar, justamente, se a lei e os procedimentos que disciplinam o *impeachment* não estão sendo empregados de forma estratégia, para obter vantagens políticas.

Na mesma linha, é possível cogitar-se do uso estratégico da Lei da Ficha Limpa (Lei Complementar n. 135/2010). De fato, como essa lei impede que pessoas condenadas por órgão colegiado da Justiça possam participar da disputa eleitoral, não se pode descartar a sua utilização indevida para prejudicar a candidatura de um adversário político.

Oportuno lembrar, a título de ilustração, que o lawfare contra o ex-presidente Lula também envolveu o uso estratégico da Lei da Ficha Limpa para impedi-lo de disputar as eleições presidenciais de 2018. Na oportunidade, por maioria de votos, vencido o Ministro Edson Fachin,[71] o Tribunal Superior Eleitoral (TSE) indeferiu o registro da candidatura de Lula com base na condenação que havia sido construída por Sergio Moro na condição de juiz da 13ª Vara Federal Criminal de Curitiba, mesmo após o Comitê de Direitos Humanos da ONU haver emitido uma liminar para assegurar a participação do ex-presidente no pleito eleitoral.[72]

Conclui-se, pois, que, por meio do uso estratégico da Lei da Ficha Limpa, é possível impedir o adversário político de participar do certame eleitoral. Já do uso estratégico da lei do *impeachment* pode resultar a retirada do adversário político eleito do poder. São práticas que também configuram lawfare.

---

[71] Disponível em: https://www.conjur.com.br/dl/voto-fachin-registro-lula-tse.pdf.

[72] A liminar deferida pelo Comitê de Direitos Humanos da ONU foi requerida pelos advogados Valeska Texeira Martins, Cristiano Zanin Martins e Geofrey Robertson, QC, a partir da indicação de elementos concretos que indicavam a ausência de um processo justo no caso Lula.

CRISTIANO Z. MARTINS, VALESKA T. Z. MARTINS & RAFAEL VALIM

Eis, portanto, um breve panorama da segunda dimensão do lawfare. Normas jurídicas que, à primeira vista, destinam-se a propósitos legítimos são convertidas em armas contra determinados inimigos.

2.3 Terceira dimensão: externalidades

"A Opinião Pública ganha uma guerra"[73]
General Dwight Eisenhower

As externalidades no lawfare consistem nas técnicas de manipulação de informação para gerar um ambiente favorável ou aceitável para o uso das armas jurídicas contra o inimigo. Dizem respeito às estratégias externas às batalhas jurídicas que auxiliam na vitória contra o inimigo.

Manipula-se a informação para desorientar o adversário e para criar um cenário irreal. Coleta-se informação para obtenção de vantagem estratégica. Transmite-se a presunção de culpa e demoniza-se o oponente para a sociedade e para a opinião pública. Os meios de comunicação se tornaram o meio mais eficaz para moldar a consciência de uma coletividade com esses objetivos.

A mídia é utilizada em caráter externo e auxiliar ao lawfare, criando suspeitas difusas sobre o inimigo escolhido, a fim de descredibilizá-lo e de ocultar a falta de materialidade das acusações.

Ao longo da história, as operações psicológicas ou propagandas são aliadas poderosas dos estrategistas.[74] Atualmente, essa dimensão torna-se central e talvez a mais violenta.

---

[73] KNIGHTLEY, Phillip. *The first casualty*: from the Crimea to Vietnam – the war correspondent as hero, propagandist, and myth maker. Nova York: Harcourt, Brace Jovanovich, 1975, p. 315.

[74] MacDONALD, Scot. *Propaganda and Information Warfare in the twenty-first century*: altered images and deception operations. Londres: Routledge,

CAPÍTULO II – DIMENSÕES ESTRATÉGICAS

Nas guerras convencionais do passado, a propaganda era espalhada no "boca a boca", por meio de rumores. Há aproximadamente quinhentos anos, com a invenção da imprensa, houve uma profunda transformação. Elevaram-se os índices de alfabetização, tendo a palavra escrita se tornado o método dominante na transmissão da informação. Já na Primeira Guerra Mundial, os jornais e revistas ostentavam a supremacia no fluxo da informação de propaganda ou na administração da decepção contra um inimigo. É só a partir da Segunda Guerra Mundial que as imagens, tanto nas revistas quanto nos cinemas (apesar de áudios também terem importância) tornam-se imprescindíveis à guerra.

Anote-se que nas guerras a utilização da imagem sempre constituiu um instrumento decisivo de ataque a governantes e políticos, tanto para provar fatos por trás das atividades políticas, quanto para ocultar e manipular os mesmos fatos. Scot Macdonald nos ensina que há cinco tipos de decepções fotográficas: (i) quando a foto ou o filme foca em certas coisas e deixa outras de fora; (ii) quando a foto ou o filme contêm encenação; (iii) quando a foto ou filme sofre alteração; (iv) quando a legenda da foto ou do filme é alterada para que o leitor interprete de forma errada; (v) e quando há fotomontagem (junção de várias imagens).[75] Importante dizer, nessa direção, que a alteração de imagens e as *fake news* (notícias falsas) não são um fenômeno atual, já que os fotógrafos utilizavam as mesmas técnicas no século XIX.[76]

Susan Sontag já nos alertava para o seguinte:

2007, p. 1.

[75] MacDONALD, Scot. *Propaganda and Information Warfare in the twenty--first century*: altered images and deception operations. Londres: Routledge, 2007, p. 10.

[76] MacDONALD, Scot. *Propaganda and Information Warfare in the twenty--first century*: altered images and deception operations. Londres: Routledge, 2007, p. 6.

na maneira moderna de saber, é preciso haver imagens para que algo seja "real" (...). Para uma guerra, uma atrocidade, uma pandemia se tornar um assunto de grande preocupação, é preciso alcançar as pessoas através dos vários sistemas (da televisão e da internet a jornais e revistas) que difundem imagens fotográficas para milhões.[77]

Em relação ao lawfare, a dimensão estratégica das externalidades envolve, como regra, o apoio dado pela mídia (ou setores da mídia) através de técnicas avançadas de comunicação com o objetivo de potencializar a utilização estratégica da lei para atingir um inimigo. A mídia cria um ambiente de suposta legitimidade para essa perseguição, gerada pela presunção de culpabilidade do inimigo escolhido (em detrimento da presunção de inocência), a fim de: (i) viabilizar uma condenação sem provas ou, ainda, (ii) estimular a opinião pública a exigir essa condenação. Ocorre, também, o que se chama de *administração da decepção*.

A propósito, a Professora Susan Tiefembrun inclui em sua definição de lawfare o abuso das externalidades, descrevendo-o como uma arma destinada a destruir o inimigo, utilizando, mal utilizando e abusando do sistema legal e da mídia para conseguir o clamor público contra o inimigo.[78]

Nessa linha, em 2004, o então juiz Sergio Fernando Moro, responsável pela Operação Lava Jato de Curitiba, escreveu um artigo denominado *Considerações sobre a Operação Mani Pulite*,[79] no qual, à luz da experiência italiana, defendeu a possibilidade de

---

[77] MacDONALD, Scot. *Propaganda and Information Warfare in the twenty--first century*: altered images and deception operations. Londres: Routledge, 2007, p. 6.

[78] TIEFEMBRUN, Susan. "Semiotic Definition of Lawfare". *Case Western Reserve Journal of International Law*, vol. 43, Issue I, 2010, p. 31.

[79] MORO, Sergio Fernando. "Considerações sobre a Operação Mani Puliti". *Revista CEJ*, Brasília, 2004, pp. 56-62. Disponível em: https://www.conjur.com.br/dl/artigo-moro-mani-pulite.pdf. Acessado em: 26.01.2023.

CAPÍTULO II – DIMENSÕES ESTRATÉGICAS

deturpação do Direito a fim de demonizar um inimigo – a começar pela violação da presunção de inocência do adversário por meio das externalidades. Moro admitiu já naquela época a conveniência da pressão da "opinião pública" sobre o Judiciário e outros poderes da República.

Naquele artigo, Moro descreve que o processo de deslegitimação dos alvos de operações judiciais – visando às condenações sem resistência – pode ser alcançado através de vazamentos sucessivos e negativos contra os adversários. Cria-se, por tais meios ilegítimos, uma percepção generalizada de culpa, enfraquecendo os alvos perante a opinião pública.[80] Ele sugere um autêntico *trial by media*, sobre o qual falaremos de forma mais detalhada adiante.

2.3.1 A mídia

O termo mídia é amplo e compreende tanto os grandes conglomerados internacionais como os *sites* e *blogs*.[81] É importante ressaltar que os interesses e objetivos deveriam ser os mesmos, ou seja, informar. Ocorre que especialmente em grandes grupos editoriais a liberdade de expressão do repórter pode ser frustrada por interferências editoriais.[82]

Jacob Rowbottom nos alerta que

> destacar as entidades de mídia como distintas dos oradores individuais é intuitivamente atraente. No entanto, o apelo desse tratamento distinto repousa no fato de que as

---

[80] MORO, Sergio Fernando. "Considerações sobre a Operação Mani Puliti". *Revista CEJ*, Brasília, 2004, p. 59. Disponível em: https://www.conjur.com.br/dl/artigo-moro-mani-pulite.pdf. Acessado em: 26.01.2023.

[81] FENWICH, Helen; PHILLIPSON, Gavin. *Media Freedom under the Human Rights Act*. Nova York: Oxford University Press, 2006, p. 3.

[82] FENWICH, Helen; PHILLIPSON, Gavin. *Media Freedom under the Human Rights Act*. Nova York: Oxford University Press, 2006, p. 3.

instituições de mídia geralmente detêm um elevado poder comunicativo. O foco na natureza institucional ou comercial da grande entidade de mídia fornece uma formalidade, critério que visa fazer uma divisão clara entre liberdade de mídia e discurso individual, mas a preocupação subjacente é muitas vezes com poder. Isso explica por que uma empresa de mídia que é bancada e dirigida por um oligarca não é um exemplo de autoexpressão individual.[83]

O mesmo estudioso alerta que, segundo Onora O´Neill, enquanto a autoexpressão é particularmente importante como parte da liberdade de expressão, o ângulo é diferente quando analisamos os conglomerados poderosos de mídia: a comunicação dos poderosos pode moldar e influenciar, melhorar e prejudicar a vida de outras pessoas e democracias.

A conclusão de Jacob Rowbottom é de que a mídia de massa constitui somente uma conjunção de instituições, mas que essas instituições são poderosas. Ele indaga afinal: o que é o poder da mídia? Um grande conglomerado de mídia não pode coagir o povo a fazer algo que não deseja.[84] Em verdade, como descreve Manuel Castells, a comunicação é a forma de poder que opera mediante a "construção do significado". Na visão de Castells, o verdadeiro poder não é alcançado ao fazer com que as pessoas ajam de certa maneira através da coerção, mas sim através da redefinição dos significados sociais. Deste modo, a conclusão de Jacob Rowbottom é de que o poder da mídia está na capacidade de definir a opinião pública de forma mais abrangente. Naturalmente, isso pode ter um impacto na política, por meio da influência exercida nas decisões sobre votos ou sobre os tópicos de discussões políticas. Esse poder também tem um impacto nas vidas sociais, influenciando a percepção intersubjetiva.

---

[83] ROWBOTTOM, Jacob. *Media Law*. Oxford: Hart, 2018, p. 11.
[84] ROWBOTTOM, Jacob. *Media Law*. Oxford: Hart, 2018, p. 11.

CAPÍTULO II – DIMENSÕES ESTRATÉGICAS

É possível, em relação à mídia, promover uma definição *institucional* e a *funcional*. A primeira definição, ou seja, a institucional, coloca a mídia praticamente como um poder governamental, ao lado do Executivo, do Judiciário e do Legislativo. Essa definição é importante pois promove uma defesa da mídia perante interferências de outros poderes. A segunda definição, a funcional, faz objeção à primeira ao estabelecer que os conglomerados de mídia teriam, indiscriminadamente, liberdade de imprensa, ou seja, todos que produzissem conteúdo jornalístico estariam sob o manto daquela magna liberdade. Porém, a pergunta crucial nesse ponto é se a liberdade de imprensa, em tese, serve aos interesses do público ou a interesses particulares.[85]

Nessa perspectiva, é essencial entender a diferença entre os conceitos de *liberdade de imprensa* e *liberdade de expressão*. A liberdade de expressão está centrada na posição de quem fala, em termos de autoexpressão individual e na autonomia de poder escolher o que falar. Já a liberdade de imprensa é justificada pelos seus serviços ao público. A diferenciação é necessária, pois a mídia é geralmente uma instituição com poder, ao contrário do cidadão comum, cuja liberdade de expressão deve ser protegida.

Oportuno lembrar o significado da liberdade de expressão. O julgamento de *James v. Commonwealth of Australia*,[86] em 1936, na Comissão Judicial do Conselho Privado nos ensina o seguinte:

> Livre em si é vago e indeterminado. Deve tirar sua cor do contexto. Compare, por exemplo, seu uso na liberdade de expressão, no amor livre, no jantar e no comércio livre. Liberdade de expressão não significa liberdade de expressão: significa expressão protegida por todas as leis contra

---

85 ROWBOTTOM, Jacob. *Media Law*. Oxford: Hart, 2018, p. 29.

86 TROVE. *Privy Council. Appeal-James v. Commonwealth*. Disponível em: https://trove.nla.gov.au/newspaper/article/25219375. Acessado em: 26.01.2023.

difamação, blasfêmia, sedição e assim por diante. Significa liberdade governada por lei (...).[87]

No Brasil, por exemplo, as empresas de rádio e televisão são concessionárias de serviços públicos, sofrendo o influxo, pois, de todos os princípios aplicáveis aos serviços públicos. Vamos supor que um conglomerado de mídia nacional tenha firmado acordo de cooperação formal ou informal com um país estrangeiro interessado na destruição de uma determinada empresa concorrente de suas empresas estratégicas, ou de um determinado político e seus aliados. Essa "cooperação" já seria fundamentação suficiente para questionar a legitimidade das notícias divulgadas ou daquelas flagrantemente omitidas do público. Contudo, em se tratando de um autêntico serviço público, cuja titularidade é da União Federal, consoante dispõe o art. 21, inc. XII, alínea "a" da Constituição Federal, estaria vedada toda e qualquer interferência estrangeira em suas diretrizes editoriais, conforme se explicou melhor no capítulo dedicado ao FCPA.

Observe-se que as liberdades de expressão e de imprensa não incidem no exemplo em questão, já que o próprio fundamento da concessão pública estaria solapado e poderia ser questionado judicialmente.

Outros fatores relevantes para que se entenda o lawfare através de campanhas de propaganda de decepção perpetradas por empresas ou conglomerados de mídia são os interesses em determinados setores econômicos. Por exemplo, poder-se-ia argumentar que há um nítido conflito de interesses na criação de *joint venture* entre uma empresa concessionária de serviços públicos (radiodifusão de sons e imagens no Brasil) e um conglomerado empresarial do ramo de construção com o propósito de estimular a União Federal

---

[87] ROBERTSON, Geoffrey; NICOL, Andrew. *Media Law.* 5ª ed. Thomson: Sweet & Maxwell, 2007, p. 2.

CAPÍTULO II – DIMENSÕES ESTRATÉGICAS

a alienar o controle societário de empresa estatal da indústria petrolífera. A cobertura do aludido conglomerado de mídia sobre a indústria petrolífera daquele País estaria sob suspeita de servir a seus próprios interesses econômicos e se colocaria em discussão a eficácia da liberdade de expressão ou da liberdade de imprensa sobre o conteúdo jornalístico produzido.

Na Inglaterra, a Comissão Real de Imprensa, em seu Relatório Final, define a

> liberdade de imprensa como o grau de liberdade de restrição que é essencial para permitir que proprietários, editores e jornalistas promovam o interesse público publicando fatos e opiniões sem os quais um eleitorado democrático não pode julgar com responsabilidade.[88]

Diante desse cenário, é preciso ter presente que grandes conglomerados de mídia podem ter interesses econômicos na deslegitimação ou destruição de um inimigo, seja ele comercial ou político. Assim, quando se fala de mídia como auxiliar da guerra jurídica, ou lawfare, esse aspecto também deve ser levado em consideração no conjunto da análise.

Com o desenvolvimento da internet permitiu-se o acesso instantâneo às informações e, ao mesmo tempo, democratizou-se e globalizou-se a informação. As redes sociais conquistaram um espaço outrora ocupando unicamente pela TV e pelos meios de comunicação impressos. De qualquer maneira, as responsabilidades de conglomerados de mídia, internet, redes sociais permanecem as mesmas: informar o público e não o manipular de acordo com os próprios interesses corporativos.

---

[88] ROBERTSON, Geoffrey; NICOL, Andrew. *Media Law*. 5ª ed. Thomson: Sweet & Maxwell, 2007, p. 19.

Outrossim, com a internet desenvolveu-se uma nova e problemática forma de comunicação que são os rumores como forma de propaganda deliberada e involuntária. Há, portanto, falta de controle de conteúdo e de sua eventual distorção. Conforme nos ensina Shibutani:[89]

> O conteúdo não é visto como um objeto a ser transmitido, mas como algo que é modelado, remodelado e reforçado em uma sucessão de atos comunicativos (...). Nesse sentido, um boato pode ser considerado como algo que está sendo constantemente construído; quando a atividade comunicativa cessa, o boato não existe mais.

Apesar de rumores e boatos poderem ser rapidamente distribuídos e disseminados na internet, eles não podem ser utilizados de forma eficaz como propaganda, pois boatos têm vida própria e podem se voltar contra aqueles que os inventaram, os propagandistas.

Nesse cenário, ao qual se soma o crescente hábito do compartilhamento de informações por meio da internet e, ainda, as campanhas visando influenciar decisões judiciais, o lawfare se tornou ainda mais destrutivo. Por isso, para o estrategista de lawfare, a internet, a partir das mídias sociais, é um ambiente propício para o *information warfare*.

Isso está diretamente ligado ao fenômeno conhecido como *guerra da informação*, consistente no uso e no tratamento de informações com o objetivo de obter uma vantagem competitiva sobre um oponente. Para o lawfare, esse fenômeno é relevante quando usado para realizar uma campanha de desinformação através da interferência dos meios de comunicação.

---

[89] JOWETT, Garth S.; O'DONNELL, Victoria. *Propaganda and Persuasion*. 5ª ed. Los Angeles: SAGE Publications, 2012, p. 159.

CAPÍTULO II – DIMENSÕES ESTRATÉGICAS

Ante esse quadro, diversos países, em prol de boas práticas de imprensa, criaram Conselhos para receberem e apurarem denúncias de práticas contrárias ao bom jornalismo. Tais organizações se desenvolveram principalmente nas últimas décadas em países como Irlanda, Suécia, Holanda, Reino Unido, Austrália, Índia, Dinamarca e Finlândia.

Na Dinamarca, por exemplo, o Conselho de Imprensa, criado em 1992, nos termos da Lei de Responsabilidade de Mídia local, pode decidir se determinada publicação é contrária à ética da imprensa e se os meios de comunicação de massa devem obrigatoriamente publicar uma retratação. Segundo a lei, tanto o conteúdo como a conduta dos meios de comunicação de massa devem estar em conformidade com a ética da imprensa. Assim, recebida uma denúncia, o Conselho avalia os argumentos nela contidos e, caso entenda por sua procedência, ao autor é dada a oportunidade de corrigir as informações errôneas publicadas.

O Conselho de Meios de Comunicação Social da Finlândia, por sua vez, criado em 1968 por editores e jornalistas no campo da comunicação de massa, objetiva interpretar a boa prática profissional e defender a liberdade de expressão e publicação. Assim, qualquer pessoa que considere ter havido descumprimento de boas práticas profissionais pelos meios de comunicação pode apresentar denúncia ao referido Conselho. Caso se identifique uma violação, é emitido um aviso que deve ser publicado pela parte infratora dentro de um curto espaço de tempo. Em certas circunstâncias, quando princípios importantes estão envolvidos, o Conselho pode iniciar uma investigação, bem como também pode emitir declarações.

Com vistas à preservação do Sistema de Justiça, criou-se na Inglaterra a lei de *contempt of court*, por meio da qual se responsabiliza o veículo de comunicação que gera risco substancial a processos judiciais. Não se proíbe, mas se impõem restrições à cobertura jornalística de processos em andamento ou pendentes de julgamento. A finalidade é proteger a Justiça, que sempre deve

CRISTIANO Z. MARTINS, VALESKA T. Z. MARTINS & RAFAEL VALIM

assegurar um julgamento justo, independente e imparcial. Repetimos, qualquer ameaça a esse conceito é uma ameaça ao Sistema de Justiça e ao Estado de Direito.

Por exemplo, se um membro do júri ou um juiz, durante o julgamento, tem conhecimento de condenações anteriores ou da existência de múltiplos processos contra certo réu, pode haver um pré-julgamento prejudicial àquele cidadão e divorciado dos fatos e das provas. Ademais, tem se tornado cada vez mais comuns reportagens ou campanhas midiáticas que se destinam à intimidação de magistrados para obter determinado resultado em suas decisões. Essas práticas retiram a independência das decisões judiciais, criando verdadeiros processos inquisitivos. Notem que o bem maior a ser protegido, mais uma vez, é o Sistema de Justiça, sua credibilidade e sua independência.

O Artigo X da Declaração Universal de Direitos Humanos e o artigo 14 do Pacto de Direitos Civis e Políticos das Nações Unidas estabelecem que todo indivíduo tem direito a um julgamento justo, independente e imparcial. Mas o que realmente significa a independência do Judiciário? De pronto, a independência judicial deve ser entendida como a garantia de não interferência de outros poderes, instituições ou interesses políticos nas decisões judiciais. Igualmente importante é a independência do Poder Judiciário relativa à opinião pública. Conforme preconiza Frank Kross "um judiciário independente não faz pesquisas de opinião pública antes de proferir suas decisões (....)". É justamente a independência do Judiciário que possibilita a proteção dos direitos das minorias contra a potencial opressão majoritária.[90] O Ministro Jackson, da Suprema Corte Norte-Americana, escreveu que o direito de um cidadão à "vida, liberdade, propriedade, liberdade de expressão,

---

[90] CROSS, Frank. "Judicial Independence". *In*: WHITTINGTON, Keith E.; KELEMEN, Daniel R.; CALDEIRA, Gregory A. (Coord.). *The Oxford Handbook of Law and Politics*. Oxford: Oxford University Press: 2008, p. 559.

CAPÍTULO II – DIMENSÕES ESTRATÉGICAS

liberdade de imprensa, liberdade de religião e reunião e outros direitos fundamentais não podem ser submetidos ao voto".[91]

Não se deve jamais confundir independência do Judiciário com falta de *accountability* da magistratura. Muito pelo contrário, a independência judicial não significa que magistrados podem julgar por ímpetos ou paixões ideológicas, ao largo dos parâmetros legais, sem necessidade de fundamentação.

Um caso paradigmático de influência indevida no resultado de um julgamento foi analisado pela Corte Europeia de Direitos Humanos no precedente *Worm v. Austria*, de 29 de agosto de 1997. Naquele caso, o Sr. Alfred Worm, um jornalista Austríaco que trabalhava na revista Profil, havia sido condenado no Tribunal de Apelação de Viena após ter publicado um artigo contra o Ministro de Finanças daquele país enquanto o seu julgamento relativo a uma suposta evasão fiscal estava pendente de decisão final. O Sr. Worm foi condenado por ter exercido influência indevida no resultado do julgamento do Ministro. A condenação envolvia uma multa pecuniária e 20 dias de prisão caso ele não pagasse o valor. Para o Tribunal Austríaco não restava dúvida de que, em relação aos Magistrados do caso, a leitura da matéria jornalística era suficiente para influenciar o resultado do processo contra o Sr. Androsch. Inconformado com a decisão, o Sr. Worm recorreu à Comissão Europeia de Direitos Humanos alegando violação de seus direitos de liberdade de expressão e informação (artigo 10 da Convenção Europeia de Direitos Humanos). Aquela Comissão, em 23 de maio de 1996, reconheceu que havia violações aos direitos do Sr. Worm, de acordo com o artigo 10 da Convenção. Posteriormente, em julgamento colegiado pela Corte Europeia de Direitos Humanos, concluiu-se, por maioria, que a condenação do Sr. Worm não violava seus direitos à liberdade de expressão e

---

[91] CROSS, Frank. "Judicial Independence". *In*: WHITTINGTON, Keith E.; KELEMEN, Daniel R.; CALDEIRA, Gregory A. (Coord.). *The Oxford Handbook of Law and Politics*. Oxford: Oxford University Press: 2008, p. 560.

CRISTIANO Z. MARTINS, VALESKA T. Z. MARTINS & RAFAEL VALIM

informação. A condenação teria sido justa e alinhada aos preceitos do Ato de Mídia Austríaca que dispõe:

> qualquer pessoa que discuta, subseqüentemente à acusação (...) e antes do julgamento em primeira instância em processo penal, o resultado provável desses processos ou o valor da prova de maneira a influenciar o resultado do processo será punido (...).[92]

A Corte Europeia de Direitos Humanos entendeu que punir o jornalista significava proteger a imparcialidade e independência do Judiciário. No julgamento foi reafirmado que todos os seres humanos merecem um *fair trial*, inclusive as pessoas públicas. Ainda, de acordo com este precedente, cabe aos promotores e não ao jornalista estabelecer a culpa de um cidadão.

Há muito se discute no meio acadêmico e nas mais altas Cortes regionais e internacionais sobre a influência ou interferência da mídia no Sistema de Justiça, o que impediria o *fair trial*[93] e do que resultaria o *trial by media*[94] *e* os pré-julgamentos pela mídia. Eis exatamente o que ocorre em casos de lawfare na terceira dimensão estratégica, ou seja, nas externalidades.

O *trial by media,* tática intrínseca e essencial ao lawfare, compreende a cobertura jornalística de certas suspeitas ou processos criminais em que indivíduos são acusados de terem cometido crimes ou irregularidades, bem como as consequências desta

---

[92] ECHR. *Worm v. Austria*. (83/1996/702/894). 29 de agosto de 1997. Disponível em: http://hudoc.echr.coe.int/eng?i=001-58087. Acessado em: 26.01.2023.

[93] *Fair trial* ou julgamento justo é aquele conduzido de forma justa por um juiz imparcial (livre de preconceitos) e independente, em que as leis são observadas tanto sob o aspecto material quanto processual. Em um julgamento justo a ampla defesa e contraditório devem ser observados e réus devem ter assistência de um advogado.

[94] ROWBOTTOM, Jacob. *Media Law*. Oxford: Hart, 2018, p. 112.

CAPÍTULO II – DIMENSÕES ESTRATÉGICAS

estigmatização, não só juridicamente, mas também em suas vidas profissionais e pessoais. Essas ações conjuntas representam grosseiras violações do direito fundamental à presunção de inocência. Por outro lado, o papel da mídia também é essencial em processos judiciais ilegais, pois podem e devem expor as más condutas de agentes públicos que objetivam a prática de lawfare. A este respeito, vale ressaltar a importância histórica da série de reportagens do *The Intercept Brasil* iniciada em 09 de junho de 2019, em vista das quais as estratégias e táticas dos agentes da Operação Lava Jato foram expostas ao público.[95]

O Brasil, lamentavelmente, é um terreno fértil para a publicação de reportagens falsas, caluniosas e difamadoras, uma vez que não instituiu um Conselho de Imprensa ou qualquer outro meio eficaz para receber denúncias relativas às condutas ilícitas praticadas pelos veículos de comunicação. Logo, não são aplicadas as devidas sanções àqueles que fazem da calúnia e da difamação um meio de vida. Tampouco os Tribunais têm logrado punir os abusos praticados pela imprensa e prevenir novas ocorrências. Ora a Justiça tem tolerado os ilícitos praticados pela imprensa a pretexto da "liberdade de imprensa" – esquecendo-se que a Constituição da República prevê o direito de resposta e de indenização por dano material, moral ou à imagem (CF/88, art. 5°, V), ora fixa indenizações em valores tão baixos que a punição não tem qualquer efetividade e muito menos caráter pedagógico.

Essa postura de um setor da mídia brasileira tem se agravado nos últimos anos. Campanhas midiáticas têm sido realizadas em prol de perseguições políticas contra os inimigos eleitos pelos praticantes do lawfare. Essas campanhas, por óbvio, exercem forte influência na sociedade que, por sua vez, acaba "pressionando"

---

95 THE INTERCEPT. *As mensagens secretas da Lava Jato*. Disponível em: https://theintercept.com/series/mensagens-lava-jato/. Acessado em: 26.01.2023.

CRISTIANO Z. MARTINS, VALESKA T. Z. MARTINS & RAFAEL VALIM

os julgadores em suas decisões, os quais passaram a decidir de acordo com a aprovação popular.

O Direito Internacional Público sufraga o entendimento de que a atuação da imprensa, bem como os pré-julgamentos de culpa do réu por parte de funcionários públicos, podem causar violações à presunção de inocência. De acordo com o Comentário Geral 32, parágrafo 30, do Comitê de Direitos Humanos da ONU sobre a presunção de inocência destacada no artigo 14 do Pacto Internacional sobre Direitos Civis e Políticos, "(...) *é* um dever de todas as autoridades públicas se abster de pré-julgar o resultado de um julgamento, por exemplo, abstendo-se de fazer declarações públicas afirmando a culpa do acusado".[96]

No caso *Gridin v. Russian Federation* julgado pelo Comitê da ONU em julho de 2000, entendeu-se que a afirmação pública de culpa feita por um procurador de alto escalão em uma reunião pública, juntamente com vazamentos da acusação para uma mídia hostil, havia violado o artigo 14 (2) do Pacto. O Comitê afirmou, no caso, que comentários da mídia podem prejudicar um julgamento justo se o Estado falhar em usar seus poderes para controlá-los.[97]

Essa interferência da mídia nas decisões a serem tomadas pelo Poder Público, especialmente pelo Judiciário, representa perfeitamente esta terceira dimensão do lawfare – caracterizada pelas externalidades, ou seja, elementos complexos que, apesar de alheios ao processo judicial, criam o ambiente ideal para se atingir o inimigo.

---

[96] Tradução dos Comentários Gerais dos Comitês da ONU. Tratados de Direitos Humanos da ONU. 2018. Disponível em: https://www.defensoria.sp.def.br/dpesp/repositorio/0/Coment%C3%A1rios%20Gerais%20da%20ONU.pdf.

[97] HRC. *Gridin v. Russian Federation*. Disponível em: https://juris.ohchr.org/Search/Details/378. Acessado em: 26.01.2023.

CAPÍTULO II – DIMENSÕES ESTRATÉGICAS

2.3.2 Guerra de Informações (*Information Warfare*)

Como já adiantado, um aspecto essencial do lawfare diz respeito à "guerra de informação", ou *information warfare*, por traduzir-se em relevante vantagem estratégica o acesso à informação do inimigo.

> Enfrentar a guerra de informações é como o esforço dos cegos para descobrir a natureza do elefante: quem tocou a perna chamou de árvore, outro que tocou o rabo chamou de corda, e assim por diante. Manifestações de guerra de informação são percebidas de maneira semelhante. Apesar de algumas partes do todo serem intimamente relacionadas em forma e função (p. ex. guerra eletrônica e guerra do comando-e-controle), juntas, todas as definições respeitáveis sugerem que há muito pouco que *não* seja guerra de informação.

A *information warfare* tornou-se tão ampla e complexa que não encontramos definição satisfatória para essa dimensão tecnológica da guerra e do lawfare. Na realidade, a guerra de informações tem tantas facetas que há uma dificuldade na sua compreensão.

Megan Burrows descreve-a como "uma classe de técnicas, incluindo coleta, transporte, proteção, negação, perturbação e degradação da informação, pela qual se mantém uma vantagem sobre os adversários".[98] Esta definição é aplicável a qualquer situação em que haja alguma disputa ou competição, seja no âmbito público, ou particular, comercial, militar e político. Nessa dimensão tecnológica de lawfare, a guerra da narrativa torna-se essencial para alcançar o objetivo de prejudicar e deslegitimar o inimigo. Para tentar explicar a *information wafare*, vejamos algumas técnicas e métodos utilizados na obtenção ou manipulação da informação.

---

[98] BURROWS, Megan. *Information Warfare*: what and how? Disponível em: https://www.cs.cmu.edu/~burnsm/InfoWarfare.html. Acessado em: 18.01.2023.

2.3.2.1 Coleta de informações

A coleta de informações traduz-se na vantagem estratégica inerente ao titular de informações sobre as ações e estratégia do seu inimigo. Saber exatamente qual será o próximo passo do inimigo permite desarmá-lo, neutralizando uma futura ação. A título exemplificativo, no caso Lula, por meio do monitoramento dos escritórios de advocacia e celulares dos advogados de defesa, a acusação conseguiu obter uma vantagem estratégica e tática sobre o adversário – o ex-presidente. Ao conseguirem antecipar ações da parte contrária, muitas vezes as neutralizavam mediante contra-narrativas na mídia ou ações judiciais oriundas da própria Lava Jato.

Os advogados são uma das vítimas preferenciais do lawfare e, por esta razão, em seu favor devem ser instituídas salvaguardas, seja no âmbito empresarial, político, geopolítico ou militar.[99]

A informação que a estratégia ofensiva necessita pode estar na rede de computadores de um escritório de advocacia. Por isso adquire grande importância no lawfare a proteção da defesa em face de ataques cibernéticos não contexto da guerra da informação.

2.3.2.2 Transporte de informações

O transporte das informações tem a mesma relevância e se apresenta tão sensível quanto a coleta.

Por séculos, generais discutiram como disseminar cuidadosamente essas informações, portanto não há uma resposta sobre como melhor transportar informações coletadas no âmbito de lawfare. Essas informações podem ser transportadas, por exemplo, por mensagens eletrônicas como *e-mails*, *whatsapp* ou *telegrams*. De qualquer modo, o mais comum no transporte de informação

---

[99] LIBICKI, Martin C. *What is Information Warfare?* Washington: National Defense University, 1995, p. 3.

CAPÍTULO II – DIMENSÕES ESTRATÉGICAS

coletada é a simples transferência de *hardwares*, como HD's, pen drives e similares.

Vale lembrar ainda que no lawfare a transferência de informações deve observar os ditames legais, sob pena de caracterização de crimes. Quando se trata de lawfare tendo como agente ofensor o Estado, como no caso Lula, a gravidade da transferência ilegal é superlativa.

2.3.2.3 Proteção de dados ou informações

No lawfare as informações estratégicas devem sempre ser preservadas. Mais uma vez, no mundo tecnológico, recomenda-se que todos os envolvidos em casos de lawfare observem regras de segurança cibernética, tais como instalações de *firewalls*, criptografias de arquivos e senhas. Os escritórios de advocacia e clientes devem sempre proteger as informações sensíveis relativas ao caso, levando em consideração a dimensão tecnológica que a *surveillance* (vigilância) ganhou nos últimos anos. A informação é a chave para uma estratégia de lawfare bem-sucedida, tanto a ofensiva quanto a defensiva.

2.3.2.4 Manipulação de informações

Na manipulação de informação vários recursos tecnológicos – nos dias de hoje amplamente acessíveis – podem ser usados para deturpar arquivos (texto, áudio, vídeos e fotos). Essas manipulações são feitas de forma alinhada à estratégia inicialmente traçada para a guerra e podem visar simplesmente à demonização de um inimigo, por exemplo. Conforme bem asseverado por Scot McDonald, "uma imagem vale por mil mentiras".[100]

---

[100] MacDONALD, Scot. *Propaganda and Information Warfare in the twenty-first century*: altered images and deception operations. Londres: Routledge, 2007, p. 9.

A alteração de imagens pode atingir, inclusive, a alteração dos fatos históricos. George Orwell, em sua célebre obra *1984*, assim nos lembra:[101]

> Era verdade que não havia uma pessoa como o camarada Ôglivy, mas algumas linhas de impressão e algumas fotografias falsas logo o trariam à existência (...). O camarada Oglivy, que nunca existiu no presente, agora existia no passado, e quando o ato de falsificação fosse esquecido, ele existiria da mesma forma autêntica e com a mesma evidência que Carlos Magno ou Júlio César.

2.3.2.5 Deturpação, degradação e negação da informação

Na *information warfare* há três técnicas relevantes, quais sejam: (i) distúrbio, a (ii) degradação e a (iii) negação da informação, tendo como objetivo impedir o acesso completo e correto do inimigo à informação.[102] Trata-se, em linguagem universal: (i) *spoofing*; (ii) *noise introduction*; (iii) *jamming* e (iv) *overloading*.

Spoofing é a técnica utilizada para degradar a qualidade da informação enviada ao inimigo. Por exemplo, o fluxo de informação é deturpado através da introdução de *spoof* ou mensagem falsa. A técnica é eficaz pois induz o inimigo ao erro na tomada de decisões estratégicas. Outra forma de interromper a comunicação é a introdução de barulho na frequência de comunicação do inimigo, na tentativa de atrapalhar ou até mesmo induzi-lo a um erro.

---

[101] ORWELL, George. *1984*. Nova York: Harcourt, 1977, p. 46.

[102] BURROWS, Megan. *Information Warfare: what and how?*, p. 3. Disponível em: https://www.cs.cmu.edu/~burnsm/InfoWarfare.html. Acessado em: 18.01.2023.

CAPÍTULO II – DIMENSÕES ESTRATÉGICAS

Jamming é a técnica por meio da qual sinais entre duas comunicações são interceptados.

Por fim, a técnica de *overloading* implica no envio de quantidade de dados suficiente para paralisar ou travar o sistema do adversário, causando eventualmente um *crash* ou severa degradação na capacidade de obtenção de dados. Assim, o sistema fica carregado com informações e não consegue distribuir a informação necessária a seus usuários. Esse tipo de ataque também vem sendo utilizado em escritórios de advocacia para que a informação seja perdida ou inutilizada no âmbito de lawfare.

2.3.3 Operações Psicológicas: PSYOPS

Conforme já dissemos, informação e comunicação significam poder e ensejam a antecipação estratégica das ações do adversário. Mas como se pode utilizar a informação para influenciar as ações do inimigo ou de grande parte da sociedade contra o inimigo?

As PSYOPS são operações planejadas para transmitir informações com o objetivo de influenciar as emoções, decepções, motivações, raciocínio e, finalmente, o comportamento de governos, organizações, grupos e indivíduos.

Nesse contexto de manipulação de informações e emoções, as *fake news* ganham muito espaço em razão do largo uso de redes sociais e mídias sociais. É importante diferenciar dois conceitos intrinsicamente ligados, *misinformation* e *disinformation*. As *misinformation* são informações incorretas ou incompletas que influenciam a opinião pública ou obscurecerem a verdade. As *disinformation* também são informações incorretas, mas são distribuídas deliberadamente de forma maliciosa para atingir um fim específico. A principal diferença é a intenção de enganar.[103]

---

[103] COOKE, Nicole, A. *Fake News and Alternative facts*: Information Literacy in Post-truth Era. Chicago: LA Editions, 2018, p. 6.

CRISTIANO Z. MARTINS, VALESKA T. Z. MARTINS & RAFAEL VALIM

Segundo Garth S. Jowett e Victoria O'Donnell, a propaganda inclui o reforço de mitos culturais e estereótipos que estão tão profundamente interligados e que desvelá-la nem sempre é uma tarefa fácil:[104]

> A propaganda é uma tentativa deliberada e sistemática de moldar percepções, manipular cognições e direcionar comportamentos para obter uma resposta que favorece a intenção desejada do propagandista. Sua natureza sistemática requer estudo longitudinal de seu progresso. Porque a essência da propaganda é sua deliberação de propósito, é necessária uma investigação considerável para descobrir qual é o objetivo.

A propaganda é uma ferramenta que pode ser positiva ou negativa e sua modalidade mais eficaz emprega o entretenimento, a educação e a persuasão. O elemento de entretenimento atrai a audiência, enquanto o educacional diminui a percepção de que a mensagem é propaganda.[105]

Scot Macdonald alerta que os destinatários são muito mais facilmente persuadidos por fontes críveis ou verossímeis, especialmente se a referida fonte é um especialista na área. Assim, a credibilidade é geralmente ligada ao prestígio. Credibilidade, no entanto, é somente um aspecto da fonte.[106]

---

[104] JOWETT, Garth S.; O'DONNELL, Victoria. *Propaganda and Persuasion.* 5ª ed. Los Angeles: SAGE Publications, 2012, p. 289.

[105] MacDONALD, Scot. *Propaganda and Information Warfare in the twenty-first century*: altered images and deception operations. Londres: Routledge, 2007, p. 32.

[106] MacDONALD, Scot. *Propaganda and Information Warfare in the twenty-first century*: altered images and deception operations. Londres: Routledge, 2007, p. 35.

CAPÍTULO II – DIMENSÕES ESTRATÉGICAS

Entretanto, a história demonstra que a melhor forma de propaganda é dizer a verdade. Vale reproduzir o pensamento de William Daugherty:[107]

> Na propaganda, a verdade compensa (...). É uma completa ilusão pensar no brilhante propagandista como um mentiroso profissional. O brilhante propagandista é o homem que diz a verdade, ou aquela seleção da verdade necessária para seu propósito, e diz de tal maneira que o destinatário *não pensa que está recebendo propaganda* (...). Se você possuir as informações corretas por sete anos, ele poderá acreditar nas informações incorretas no primeiro dia do oitavo ano, quando for necessário, do seu ponto de vista, que ele o faça. Seu primeiro trabalho é construir a credibilidade e a autenticidade da sua propaganda e convencer o inimigo a confiar em você, embora você seja o inimigo dele... A arte da propaganda não é contar mentiras, mas selecionar a verdade que você precisa e misturá-la. com algumas verdades que o público quer ouvir.

Por fim, os estudiosos do tema Garth Jowett e Victoria O'Donnell[108] criaram uma metodologia interessante dividida em dez etapas para analisar e identificar as *PSYOPS* ou propaganda. Essa divisão leva em consideração as seguintes perguntas: com que finalidade, no contexto da época, um agente de propaganda, trabalhando em uma organização, alcança um público por meio de símbolos especiais para obter a reação desejada? Além disso, se houver oposição à propaganda, que forma ela assume? Por fim, qual é o êxito da propaganda? Eis questões:

1. A ideologia e o objetivo da campanha de propaganda;

---

[107] DAUGHERTY, William E. *A Psychological warfare casebook*. Baltimore: John Hopkins Press, 1958, p. 39.

[108] JOWETT, Garth S.; O'DONNELL, Victoria. *Propaganda and Persuasion*. 5ª ed. Los Angeles: SAGE Publications, 2012, p. 290.

2. O contexto em que a propaganda ocorre;

3. Identificação do propagandista;

4. A estrutura da organização de propaganda;

5. O público-alvo;

6. Técnicas de utilização de mídia;

7. Técnicas especiais para maximizar o efeito;

8. Reação do público a várias técnicas;

9. Contrapropaganda, se presente; e

10. Efeitos e avaliação.

Registre-se que essas técnicas, mais recentemente utilizadas pela *Cambridge Analytics* em diversas eleições ao redor do mundo, estavam classificadas pelo exército Britânico como *armas de guerra*. Portanto, são utilizadas tanto nas guerras bélicas quando nas guerras jurídicas, ou lawfare.

2.3.3.1 Operações de ilusão ou *deception*

Percebe-se que a manipulação da informação, associada a avançadas técnicas de psicologia, sempre fez parte das guerras convencionais e não poderia ser diferente nas jurídicas. Outra técnica ou braço das técnicas de psicologia aplicadas neste campo é o que se denomina de operações de ilusão ou *deception*.

Scot Macdonald esclarece que

> os princípios de *deception* são a ciência; a aplicação ou execução desses princípios como estratagemas são a arte. Independentemente da operação de engano, os princípios são os mesmos, enquanto os estratagemas variam infinitamente,

CAPÍTULO II – DIMENSÕES ESTRATÉGICAS

limitados apenas pela criatividade das mentes mais desonestas e criativas.[109]

A palavra *deception* é fundada no sentido de enganar ou gerar ilusão. No entanto, na guerra de informações, o objetivo não é apenas enganar o adversário. O objetivo é fazer com que o inimigo entenda a realidade de uma forma diferente. Karl Von Clausewitz ensinou que "grande parte das informações obtidas na guerra é contraditória, uma parte ainda maior é falsa, e a maior parte é um tanto duvidosa". Por isso, ao realizar uma *deception operation* (operação de ilusão) é necessário definir táticas: i) o que o inimigo precisa fazer e executar (não pensar); ii) um alvo (tomador de decisão); iii) uma história (o que o alvo deve acreditar); iv) um plano (como transmitir a história para o alvo); e v) evento (partes do plano para a história chegar ao alvo). Scot Macdonald menciona a importância de desenvolver um cronograma e um cenário para fazer com que o oponente saiba aos poucos das informações. Assim, o inimigo terá uma conclusão errada da situação.[110]

Compreende-se, por conseguinte, que a *deception* (ilusão) é fundada em uma informação verdadeira, mas manejada de modo que seja interpretada de uma forma diferente, fazendo com que o oponente alcance uma conclusão errada. James Jesus Angleton, oficial de espionagem da CIA, citado por Macdonald, acrescenta *"a essência da desinformação é a provocação, não a mentira"*.[111]

---

[109] MacDONALD, Scot. *Propaganda and Information Warfare in the twenty-first century*: altered images and deception operations. Londres: Routledge, 2007, p. 83.

[110] MacDONALD, Scot. *Propaganda and Information Warfare in the twenty-first century*: altered images and deception operations. Londres: Routledge, 2007, p. 11.

[111] MacDONALD, Scot. *Propaganda and Information Warfare in the twenty-first century*: altered images and deception operations. Londres: Routledge, 2007, p. 83.

Os elementos trazidos neste capítulo mostram que as externalidades servem para viabilizar a prática do lawfare. Elas envolvem *guerra de informações* (*Information Warfare*), *operações psicológicas* (PSYOPS) e *operações de ilusão* (*deception*). As externalidades buscam manipular a verdade e provocar estímulos artificiais na sociedade, além de desorientar e descredibilizar o inimigo eleito.

CAPÍTULO III

TÁTICAS

Já tivemos a oportunidade de sublinhar a relação indissolúvel que se estabelece entre a estratégia e as táticas. Nesse sentido, impõe-se agora descrever as táticas que correspondem a cada dimensão estratégica.

3.1 Tipificação das táticas

Não é demais recordar que as táticas constituem meios de execução da estratégia e que, tanto na guerra convencional quanto no lawfare, devem ser analisadas em conjunto, porquanto *interdependentes*. A este respeito, pontuou Karl von Clausewitz:[112]

> é nossa intenção estudar os diferentes elementos do nosso tema, depois as suas diversas partes ou divisões, e, finalmente, o conjunto na sua conexão interna; procederemos deste modo partindo do simples para o mais complexo. Mas este tema, mais que qualquer outro, necessita de uma vista

---

[112] CLAUSEWITZ, Carl von. "O que é a guerra?" *In*: _____. *Da guerra*. 3ª ed. São Paulo: Martins Fontes, 2014, pp. 7-30.

de olhos preliminar acerca da natureza do conjunto, pois aqui, mais do que em qualquer outro domínio, a parte e o todo devem ser considerados em conjunto.

Além disso, afigura-se-nos de maior utilidade a *tipificação* de certas táticas, agrupadas em virtude da dimensão estratégica correspondente, em vez de um simples exemplário de táticas já adotadas em casos relevantes de lawfare. Não temos, naturalmente, a pretensão de esgotar o elenco de táticas, e sim apresentar algumas que nos parecem bastante representativas nos domínios do lawfare.

Com efeito, diferentemente da *classificação*, que conduz a uma arrumação exaustiva da realidade, a *tipificação* permite uma apreensão reconhecidamente aberta e incompleta da realidade, compatível com a heterogeneidade e dinamicidade das táticas.[113] Em outro dizer, a permeabilidade conceitual do pensamento tipológico serve adequadamente ao exame das táticas de lawfare.

3.2 Táticas correspondentes à primeira dimensão estratégica

Conforme explicado anteriormente, na guerra os acampamentos e campos de batalha são cuidadosamente escolhidos em função das vantagens ou desvantagens estratégicas. No lawfare tal escolha estratégica e tática é de igual relevância. O campo de batalha aqui é representado pelo órgão jurisdicional, administrativo ou político[114] incumbido de aplicar o Direito. A seleção de um órgão específico pode ser decisiva para que o lawfare tenha êxito, uma

---

[113] VALIM, Rafael. *A subvenção no Direito Administrativo brasileiro*. São Paulo: Contracorrente, 2015, pp. 41-43.

[114] Em casos de *impeachment*, governantes são julgados por Congressos e ou Parlamentos, que se constituem em verdadeiros tribunais. Podemos citar dois casos paradigmáticos como o da ex-Presidenta Dilma Roussef e do Rei Charles I, da Inglaterra.

CAPÍTULO III – TÁTICAS

vez que a acusação ou a tese jurídica terá mais ou menos força a depender daquele que está encarregado de julgar a questão.

3.2.1 *Forum Shopping*

No âmbito judicial nos deparamos com o chamado *forum shopping*, ou seja, a escolha do foro ou jurisdição onde uma demanda será proposta. Nessa prática, o objetivo é escolher o Direito (armamento) e o órgão julgador (geografia) mais favoráveis às teses do autor. Note-se que a escolha, ou o *shopping*, necessariamente deveria ser entre foros competentes.

Sobre o tema, leciona Fredie Didier:[115]

> é absolutamente natural que, havendo vários foros competentes, o autor escolha aquele que acredita ser o mais favorável aos seus interesses. É do jogo, sem dúvida. O problema é conciliar o exercício desse direito potestativo com a proteção da boa-fé. Essa escolha não pode ficar imune à vedação ao abuso do direito, que é exatamente o exercício do direito contrário à boa-fé. É certo que vige no direito processual o princípio da boa-fé, que torna ilícito o abuso do direito. Também é certo que o devido processo legal impõe um processo adequado, que, dentre outros atributos, é aquele que se desenvolve perante um juízo adequadamente competente. A exigência de uma competência adequada é um dos corolários dos princípios do devido processo legal, da adequação e da boa-fé. Pode-se inclusive falar em um princípio da competência adequada.

No lawfare defensivo, muitas vezes o deslocamento jurisdicional pode ser indispensável. Retirar-se do campo geográfico em que há certeza de derrota por um magistrado parcial, por exemplo, é uma tática que pode significar a neutralização de um ataque.

---

115 Disponível em: http://www.frediedidier.com.br/editorial/editorial-67/.

CRISTIANO Z. MARTINS, VALESKA T. Z. MARTINS & RAFAEL VALIM

Entretanto, há que se ressaltar que o *forum shopping* na estratégia defensiva deve observar as regras de competência, sob pena de incidência de outro princípio que visa bloquear o *forum shopping* abusivo, que é o *fórum non conveniens*. Pela doutrina, o magistrado pode rejeitar a competência de uma causa com base em diferentes critérios, alguns muito subjetivos.

Para Walter Beat Rechsteiner há delimitações para a aplicação do conceito de *forum non conveniens*:[116]

> Em primeiro lugar deve existir um foro diferente daquele onde foi instaurado o processo, sendo igualmente competente para julgar toda a lide. Esse foro deve ser o mais conveniente para as partes. Para avaliar o critério da conveniência, são analisados no caso concreto os seus interesses privados (*private interests*) na lide. São levados em consideração entre outros, como interesses privados relevantes das partes: o acesso aos meios de prova, principalmente bens imóveis, bem como a residência das testemunhas, a exequibilidade da sentença e as despesas processuais. Não são relevantes, por outro lado, a aplicação de um direito mais favorável para uma das partes e o fato de um outro sistema jurídico não se equiparar àquele foro, desde que sejam garantidos os direitos fundamentais no processo para as partes, previstas também no ordenamento jurídico doméstico. Se não prevalecerem interesses privados por parte do autor ou do réu, o tribunal examinará em seguida a doutrina do *forum non conveniens* sob a perspectiva do interesse público envolvido. Nesse contexto, o tribunal possui um interesse legítimo de não dever julgar lides sem vínculo específico com o foro. Assim, sendo, pode ser considerado também que o tribunal não está familiarizado com o direito aplicável à causa a ser julgada. Finalmente, o foro mais conveniente (*forum conveniens*) deve tutelar a pretensão requerida no seu sistema jurídico com uma sanção adequada

---

[116] RECHSTEINER, Beat Walter. *Direito Internacional Privado*: teoria e prática. 18ª ed. São Paulo: Saraiva, 2016, pp. 274/275.

CAPÍTULO III – TÁTICAS

que seja comparável àquela existente no foro para que não exista a possibilidade de denegação de justiça para o autor da ação perante o foro alienígena.

O fato é que mesmo com a aplicação correta e imparcial desse conceito, há uma tendência de manutenção dos órgãos jurisdicionais e administrativos escolhidos pelos autores, e em especial em operações de lawfare, nas quais as externalidades atuam para a manutenção artificial da competência escolhida por seus estrategistas, conforme será melhor explanado abaixo.

3.2.2 Manipulação das regras de competência ou abuso e má utilização do *forum shopping*

Para alguns estrategistas de lawfare, a vitória só é possível se a guerra for travada em determinado campo, fora do qual não haveria hipótese de sucesso. Nesses casos, utilizando-se de má-fé, ou seja, abusando de normas jurídicas e de princípios consagrados como o do juiz natural e da imparcialidade, ocorre a manipulação das regras de competência.

Alguns fatores são levados em consideração nessa escolha estratégica, tais como: (i) juiz parcial; (ii) promotores parciais; (iii) hierarquia recursal tendenciosa e parcial; (iv) histórico cultural e socioeconômico do local do órgão jurisdicional ou administrativo; (v) relação dos aplicadores do Direito de determinada região com agentes estrangeiros, notadamente no caso de lawfare geopolítico.

No âmbito da Operação Lava Jato, por exemplo, com lamentável frequência, pessoas investigadas por fatos ocorridos em uma jurisdição específica foram ilegalmente processadas e julgadas por juízes manifestamente incompetentes (*i.e.* sem jurisdição ou autoridade sobre o caso, nos termos das regras de regência).

A série de reportagens publicada em junho de 2019 pelo portal *The Intercept* revela detalhes da atuação coordenada entre

CRISTIANO Z. MARTINS, VALESKA T. Z. MARTINS & RAFAEL VALIM

o Ministério Público Federal e o ex-juiz Sérgio Moro e aponta, entre outras ilegalidades, a preocupação da manutenção de réus sob sua competência. Com efeito, Moro se considerava a única pessoa capaz de "processar e condenar poderosos", inclusive o ex-Presidente Lula, que sempre foi tratado como um inimigo pelo ex-juiz e pelos membros da Operação Lava Jato.

Veremos mais adiante que a mesma tática é encontrada no caso do Senador Ted Stevens, no qual os procuradores deliberadamente forçaram a jurisdição dos Tribunais de Washington, apesar de todos os fatos e todas as pessoas envolvidas estarem no Alaska. Isso se deve ao fato de que Stevens contava com alta aprovação da sociedade do Alaska, incluindo membros do Sistema de Justiça local, o que dificultaria o desenvolvimento de externalidades, incluindo o *information warfare*.[117]

Tais condutas podem ser facilmente relacionadas à primeira dimensão do lawfare, visto que, para se atingir o inimigo, foi escolhido um campo de batalha que apresentava condições favoráveis para a manipulação do Direito, de acordo com a estratégia de ataque, abrindo caminho para uma condenação sem provas.

3.2.3 *Libel tourism*

Outra tática relativa à geografia, compreendida no conceito de *forum shopping*, diz respeito à prática de ajuizamento de ações de difamação não na jurisdição onde ocorreu a ofensa, mas em tribunais mais amigáveis à acusação, que não exigem que se prove a culpa do acusado. Essa situação foi denominada pelo destacado jurista Geoffrey Robertson como *libel tourism*.[118]

---

[117] Entretanto, é importante ressaltar que no caso Stevens a tática não foi bem-sucedida, já que todos os relatos ressaltam a independência e imparcialidade do magistrado que conduziu o julgamento.

[118] ROBERTSON, Geoffrey; NICOL, Andrew. *Media Law*. 5ª ed. Thomson: Sweet & Maxwell, 2007, p. 127.

CAPÍTULO III – TÁTICAS

3.3.2 Excesso de prisões preventivas como forma de tortura para obtenção de delações premiadas, visando às colaborações formais e informais de investigados

As prisões, sobretudo as de natureza cautelar, deveriam ser reservadas aos casos específicos em que houver comprovação efetiva de que a liberdade do jurisdicionado pode colocar em risco a sociedade ou a instrução do processo. O que se vê, porém, é que o caráter excepcional da prisão está sendo deixado de lado no Brasil para utilizá-la como método para esvaziar o direito de defesa e obrigar o acusado a adotar uma postura de "colaborador".

Nessa linha, um dos pilares da Operação Lava Jato foi o uso de delações premiadas como forma de ampliação do escopo das investigações, fundamentação de pedidos de medidas cautelares e, em última instância, condenação daqueles eleitos como inimigos.

O caminho da Lava Jato para a obtenção das infames colaborações premiadas quase sempre é o mesmo: identificação de pessoa cuja delação seria interessante à vontade jurídico-política da Força Tarefa; aumento progressivo e paulatino da pressão exercida sobre o possível colaborador (abertura de diversas investigações, medidas cautelares – incluindo-se aí a prisão preventiva, pressão investigativa sobre familiares e pessoas próximas) e a manutenção de diversas medidas cautelares que sufocam o investigado, de modo que veja a "colaboração" como a única saída para salvar o que lhe resta de dignidade, dos bens materiais e até para livrar seus familiares das mesmas aflições que lhe são impostas pelos órgãos de persecução penal. Uma vez firmado o acordo, o delator

---

a ocorrência de um crime por meio da "inferência da melhor explicação" (p. 11). Sustentou, ademais, que um crime poderia ser considerado provado diante "da ausência de uma explicação alternativa que só o réu poderia prover" (p. 283) ou diante da "omissão do réu em produzir provas que lhe são de fácil acesso" (p. 283).

é rapidamente beneficiado, com célere cessação das pressões investigativas e cautelares anteriormente observadas.

O uso de prisões preventivas ilegais, mantidas por meses ou anos a fio sem que haja elementos concretos para sua justificação, é um meio de tortura para o acusado e potencial "colaborador". Nas palavras de Antonio Claudio Mariz de Oliveira,

> com a Lava Jato, surge outra prisão preventiva, que é a prisão para delação. Esta tem uma pequena diferença em relação à tortura: na tortura, você fala mais rápido porque apanha. Na prisão preventiva, ainda demora um pouco mais.[122]

Mesmo com o discurso oficial da Força Tarefa de que as prisões e medidas cautelares não têm o objetivo de forçar a colaboração de seus alvos, algumas janelas de sinceridade já foram abertas, como no episódio em que Sérgio Moro determinou, no dia 15 de fevereiro de 2017, a prisão preventiva e busca e apreensão em endereços de Apolo Vieira, indicado como operador de propinas por investigadores, para, no dia 21 de fevereiro do mesmo ano, reconsiderar sua decisão – justificando-a no fato de que o acusado estaria "em tratativas para um acordo de colaboração".[123] Ou seja, em um dia o investigado representa grave risco à ordem pública ("fazem do ilícito e da fraude a sua profissão. Apenas a prisão preventiva foi capaz de encerrar as suas carreiras delitivas, sendo ela aqui também necessária")[124] para, no outro, deixar de o ser, justamente por haver informações do Ministério Público Federal

---

[122] Disponível em: https://veja.abril.com.br/politica/mariz-prisao-preventiva-para-obter-delacao-e-pior-que-tortura/.

[123] Disponível em: https://www.conjur.com.br/2017-fev-23/moro-ordena-prisao-recua-saber-acusado-negocia-delacao.

[124] Despacho de Sérgio Moro em 15 de fevereiro de 2017. Disponível em: https://www.conjur.com.br/dl/moro-ordena-prisao-empresario-volta.pdf.

CAPÍTULO III – TÁTICAS

"de que estaria em tratativas para um acordo de colaboração com Apolo Santana Vieira".[125]

As mensagens trocadas por procuradores no aplicativo *Telegram*, reveladas pela série de reportagens da chamada "Vaza Jato", também provam o que estamos a afirmar. A título exemplificativo, é possível colher das mensagens divulgadas ações coordenadas para pressionar Raul Schmidt, apontado como operador de propinas, a partir de pedidos de medidas cautelares contra sua filha.[126] Uma vez cumprida a aventada busca e apreensão, nas palavras da defesa de Nathalie Schmidt,

> três agentes da Polícia Federal portando metralhadora ingressaram na residência da paciente [Nathalie] de forma truculenta, exigindo, aos berros, que ela revelasse o atual paradeiro do seu genitor, sob ameaça de "evitar dor de cabeça para seu filho" [filho de Nathalie, menino de sete anos de idade à época].

Outro episódio eloquente revelado pela "Vaza Jato" diz respeito ao acusado Bernardo Freiburghaus, também apontado como operador de propinas. Em uma conversa, o procurador Deltan Dallagnol, líder da Força Tarefa da Lava Jato de Curitiba, propôs:

> Acho que temos que aditar para bloquear os bens dele na Suíça. Conta, imóvel e outros ativos. Ir lá e dizer que ele perderá tudo. *Colocar ele de joelhos e oferecer redenção.* Não tem como ele não pegar.[127]

---

[125] Despacho de Sérgio Moro em 21 de fevereiro de 2017. Disponível em: https://www.conjur.com.br/dl/moro-ordena-prisao-empresario-volta1.pdf.

[126] Disponível em: https://theintercept.com/2019/09/10/moro-devassa-filha-investigado/.

[127] Disponível em: https://noticias.uol.com.br/politica/ultimas-noticias/2019/08/29/dallagnol-vazou-informacoes-de-investigacoes-para-imprensa-aponta-dialogo.htm?.

Por essas razões, as prisões preventivas na Lava Jato têm sido equiparadas a uma modalidade de tortura, não só por advogados e juristas, mas também por Ministros do Supremo Tribunal Federal, como Gilmar Mendes.[128] Trata-se de uma arma poderosa, cujo uso indiscriminado e abusivo fere de morte a *espontaneidade* da colaboração premiada, elemento jurídico essencial para sua celebração. Também contamina todas as provas obtidas a partir das "confissões" obtidas, pois, como bem se sabe há séculos, um indivíduo sob tortura dirá qualquer coisa para que cesse a violência de que é vítima.

3.3.3 Utilização de delações premiadas para deslegitimar e aniquilar inimigos através de falsas incriminações

A corrupção se tornou um dos problemas mais comentados nos últimos anos e constitui uma bandeira inatacável, um dos poucos temas sobre os quais não há divergência. À esquerda ou à direita, todos são contrários à corrupção e favoráveis às medidas que objetivam enfrentá-la.

No entanto, a partir da evolução das leis de enfrentamento da corrupção, verifica-se que a delação premiada surge como um caminho praticamente certo de condenação criminal e social das pessoas supostamente envolvidas em atos de corrupção.

Deve-se analisar o instituto da delação premiada com muita cautela. Primeiro, a prática de "caguetagem" mediante benefícios é uma "prova" muito frágil no processo penal, pois incentiva o delator a falar qualquer coisa em troca de vantagens. Segundo, a partir da perspectiva de *carrots and sticks*, o instituto da delação

---

[128] STF, Habeas Corpus n. 166.373/PR, Rel. Min. Edson Fachin. Disponível em: https://www.conjur.com.br/dl/leia-voto-gilmar-ordem-alegacoes-finais. pdf.

CAPÍTULO III – TÁTICAS

premiada é facilmente deturpado na busca da condenação de um inimigo. Por isso, a delação premiada é uma ótima tática de lawfare para atacar alguém no processo penal e buscar sua condenação, principalmente quando já se tem um inimigo definido.

Neste sentido, a partir do momento em que uma autoridade negocia direitos individuais mediante a expectativa de ouvir uma suposta prática imoral realizada por outro, isto configura *chantagem premiada e não delação espontânea*. Ainda pior, a autoridade pode decidir não fechar o acordo caso entenda que a narrativa não foi interessante para o fim que busca.

Essa forma de atuação foi muito utilizada de maneira estratégica no âmbito da Lava Jato, principalmente às vésperas de períodos eleitorais, como aconteceu com o caso do Paulo Roberto Costa, ex-diretor da Petrobras, em 2014. Ele foi preso e teve direito à prisão domiciliar em troca de delatar outros envolvidos no caso em que ele era suspeito. Assim também o lamentável episódio da divulgação da delação premiada de Antonio Palocci, ex-ministro da Fazenda, pouco antes do pleito eleitoral de 2018 – a fim de que a opinião pública julgasse e condenasse os delatados.

A propósito, leciona Otto Kirchheimer:[129]

> O que os réus admitiram foi a realidade alternativa pré--fabricada. A acusação apresentou uma coletânea de fatos variados nos quais as ocorrências reais eram pura e inextricavelmente envoltas em acontecimentos fictícios. Porém, essa mescla apontou para uma realidade alternativa (...).

---

[129] KIRCHHEIMER, Otto. *Political Justice*: the use of legal procedure for political ends. Princeton: Princeton University Press, 1961, p. 117.

O mesmo Otto Kirchheimer adverte que, para conseguir uma realidade alternativa, ou seja, delações de fatos inverídicos, estrategistas de lawfare utilizam "técnicas de tradução":[130]

> (...) Para conseguir a realidade alternativa, os processos seguiram o que tem sido chamadas de "regras de tradução" (...). Os réus eram obrigados a passar pelas situações mais remotamente possíveis de acontecer, tendo que admitir que eram consequências de sua ação política. Sempre eram impostas interpretações que estavam em consonância com a teoria da acusação de como os réus teriam agido caso essas situações ocorressem. A dificuldade do empreendimento da acusação era a de que as provas se encontravam mais ou menos exclusivamente nas confissões de réus e depoimentos de litisconsortes, mas sem qualquer colaboração independente feita por testemunhas que fugiam ao escopo do poder da acusação.

Essa dinâmica de celebração de acordos de delação, com imposição de condições (obrigar o acusado a desistir de direitos e contar narrativas preparadas) para ganhar eventuais benefícios – e com visibilidade midiática, tratando um delatado como condenado – é uma verdadeira inquisição contra os inimigos declarados pelo Estado. As pessoas se tornam culpadas da noite para o dia com base em palavras, muitas das vezes controversas e desencontradas.

Vê-se, por conseguinte, que as delações premiadas, a depender das circunstâncias, podem constituir uma potente arma para deslegitimar, prejudicar ou aniquilar um inimigo.

---

[130] KIRCHHEIMER, Otto. *Political Justice*: the use of legal procedure for political ends. Princeton: Princeton University Press, 1961, p. 108.

CAPÍTULO III – TÁTICAS

3.3.4 *Overcharging* (excesso de acusação)

No processo penal, a acusação pode-se valer do *overcharging* (excesso de acusação) como uma tática para garantir a incriminação do réu. A doutrina criminalista, tanto brasileira como estrangeira[131], pauta o excesso de acusação em dois sentidos: vertical e horizontal. O excesso vertical ocorre quando aumentam o nível de acusação para uma situação mais grave do que aconteceu, por exemplo, quando se busca o aumento do *quantum* da pena para além dos elementos de fato. O excesso horizontal, por sua vez, representa a inclusão de muitos fatos a um incidente, por exemplo, uma pluralidade de condutas.

É neste ponto que, considerando o temor da condenação criminal, o excesso de acusação surge como uma tática primária dos promotores a fim de forçar o acusado aceitar uma situação "menos gravosa" no processo penal. Os promotores apostam numa acusação excessiva e depois se dispõem a "negociar" para chegar à acusação correta ou mais branda para o acusado, dando a impressão de que a defesa conseguiu alcançar alguma vitória.

Nos Estados Unidos, principalmente na perspectiva de aplicação do FCPA, é muito comum perceber o excesso de acusação nos casos em que o DOJ alcança o *plea bargain*, isto é, um acordo em que o réu se declara culpado de alguma acusação em troca de benefícios. Os promotores acusam uma pessoa ou uma empresa de violação da Lei e deixam os acusados sob a ameaça de perder bens, ter familiares envolvidos no crime e receber uma pena privativa de liberdade excessiva. Nesta lógica, o acusado aceita um acordo pré-definido, supostamente mais brando, para se livrar da condenação correspondente aos fatos inicialmente cogitados na hipótese acusatória.

---

[131] LIPPKE, Richard L. *The ethics of plea bargaining*. Oxford: Oxford University Press, 2011, p. 31.

O sistema de justiça norte-americano conta com um alto índice de acordos. Chega-se a 90% de acordos nos casos criminais.[132] No entanto, esse tipo de acordo pode suprimir direitos do acusado, uma vez que ele não discute as imputações diante de um juiz imparcial e acaba acatando a imposição da acusação.

Os procuradores brasileiros vêm importando essa tática para obter acordos de delação premiada. Isto ficou mais evidente no âmbito da Operação Lava Jato, sobretudo a partir da série de notícias do portal *The Intercept Brasil* denominada "Vaza Jato", nas quais se demonstrou o *modus operandi* dos procuradores da República e do juiz do caso. Ficou evidente o uso de excesso de acusação em vários casos. Os exemplos mais emblemáticos são relacionados aos casos de dupla imputação de crimes (corrupção e lavagem de dinheiro) para um único fato (*overcharging* horizontal) e as denúncias baseadas unicamente na palavra de delatores.

Matheus Agacci descreve muito bem o que ocorre com delatores e delatados dentro de uma perspectiva de pressão da acusação criminal:[133]

> Por vezes, ao empresário – "acusado em processo criminal, afetado psicologicamente por tal situação, temendo as prisões preventivas decretadas sem respaldo legal e conduções coercitivas, com asfixia patrimonial, com os amigos próximos temerosos de fazer contato diante do labeling approach, com denúncias ofertadas contra seus familiares, sob os holofotes da mídia opressiva que antecipa, publicamente, sua incerta

---

[132] FRAGOSO, Rodrigo. "*Overcharging*: a prática de exagerar nas acusações". *InfoMoney*, 16 ago. 2018. Disponível em: https://www.infomoney.com.br/colunistas/crimes-financeiros/overcharging-a-pratica-de-exagerar-nas-acusacoes/. Acessado em: 18.01.2023.

[133] AGACCI, Matheus. "O *overcharging* no processo penal brasileiro". *Migalhas*, 20 set. 2019. Disponível em: https://www.migalhas.com.br/dePeso/16,MI311225,31047-O+overcharging+no+processo+penal+brasileiro. Acessado em: 18.01.2023.

CAPÍTULO III – TÁTICAS

> e não comprovada culpa, taxando-o de criminoso" – é ofertado uma possibilidade de obter benefícios para entregar terceiros e sair de toda a pressão que está vivendo. O que ele faz? Aceita, mesmo que, para isso, tenha que inventar ou "aumentar" fatos.

Por fim, conclui-se que a denúncia sem justa causa e o *overcharging* estão mais presentes do que imaginamos no processo criminal. Deve-se ter em mente que se os abusos da lei ocorrem contra pessoas públicas, também ocorrem contra aqueles que estão em situação mais vulnerável sem visibilidade midiática. Por isso, cabe ao advogado de defesa atuar contra os excessos e abusos da Lei. É essencial para o funcionamento da justiça dentro do Estado democrático de direito.

3.3.5 Método *carrots and sticks* (cenouras e porretes)

A expressão *carrots and sticks*, em sua tradução literal, significa "cenoura e porrete". É uma metáfora sobre o método de "recompensa e punição" usado para adestrar animais. O Departamento de Justiça (DOJ) Norte-americano adotou esse método na aplicação do FCPA contra as empresas, influenciando a declaração de culpa e firmando acordos de cooperação em troca de benefícios.

Na verdade, o Departamento de Justiça Norte-americano utiliza o método de *carrots and sticks* desde 2000. Em abril de 2016, o DOJ anunciou o lançamento de um Projeto Piloto de aplicação do FCPA para incentivar as empresas a declararem violações do FCPA em troca de benefícios, de modo a oficializar a metodologia para os procuradores. O memorando foi escrito por Andrew Weissmann, ex-chefe da sessão de fraude do Departamento de Justiça.[134]

---

[134] Disponível em: https://www.justice.gov/archives/opa/blog-entry/file/838386/download.

Em novembro de 2017, o Procurador-Geral Rod Rosenstein declarou uma nova política de *enforcement* corporativa do FCPA, a demonstrar mais claramente como funciona a abordagem *carrots and sticks* no FCPA contra as empresas. A nova política substituiu o programa piloto do FCPA (*Pilot Program*), mantendo partes do programa, mas implementando novos "incentivos" para encorajar as empresas a divulgarem as violações ao FCPA. Segundo o manual dos procuradores dos EUA, a nova metodologia criou a presunção de que o DOJ deixará de tomar medidas contra as empresas caso elas divulguem voluntariamente a violação do FCPA, façam cooperação total e adotem medidas de remediação das violações. Essa política, de acordo com DOJ, "visa proporcionar benefícios adicionais às empresas com base no comportamento corporativo delas, uma vez que elas aprendem com a má conduta".[135]

O êxito do governo na aplicação do FCPA se deve ao método *carrots and sticks*, uma vez que sempre passa a impressão de que a empresa está sendo compensada ao invés de punida severamente. A recompensa – "cenoura" – aparentemente é um caminho menos tortuoso para a empresa, porque mesmo assumindo a violação da lei, evita a condenação e exposição pública por envolvimento em corrupção. É um negócio muito lucrativo para o governo.

Mike Koehler, estudioso do FCPA, considera que o método *carrots and sticks* utilizado pelas autoridades norte-americanas, para fins de combate à corrupção, demonstra a falácia do FCPA. Os acusados aceitam os acordos e declaram culpa de acordo com as determinações das autoridades. Koheler demonstra preocupação com a dinâmica de desenvolver acordos completamente fora do âmbito judicial. Ele acredita que o processo judicial facilita a apresentação dos pontos de vista, atenuando fatos e circunstâncias, e permitindo a defesa participar do contraditório para garantir uma

---

[135] LUBAN, David J.; O'Sullivan, Julie R.; STEWART, David P.; JAIN, Neha. *International and Transnational Criminal Law*. Nova York: Wolters Kluwer, 2019, p. 621.

CAPÍTULO III – TÁTICAS

decisão imparcial e justa[136] Além disso, em outro artigo, Koehler compreende que essas divulgações voluntárias alimentam um setor próspero diante do FCPA. Tanto o setor privado quando o governo tem interesses na continuidade deste método, pois é uma forma de beneficiar empresas, escritórios de advocacia e o governo. Koehler menciona que as agências de aplicação de lei incentivam esse tipo de conduta porque faz o trabalho delas ainda mais fácil e menos custoso em termos econômicos.[137]

O maior problema é que o uso estratégico e agressivo – no âmbito local e internacional – dessa legislação deveria passar por revisão judicial constante, o que, todavia, não ocorre. A transparência de um processo judicial (legítimo), com contraditório e ampla defesa, é essencial para que as teses acusatórias sejam verificadas. Esse escrutínio judicial é particularmente apropriado quando estão em jogo penas e multas corporativas multimilionárias e bilionárias, como é o caso das ações de execução da FCPA.[138]

Nos Estados Unidos, há décadas, as revisões judiciais são praticamente inexistentes no contexto do FCPA. Isso porque a persecução penal foi substituída pelas negociações penais como acordos de não persecução penal (*non-prosecution agreement –* "NPA") – imunidade penal – do Departamento de Justiça (DOJ), acordos de suspensão condicional do processo (*deferred prosecution agreement –* "DPA"), acordos de leniência ou colaborações premiadas *(plea bargain)* ou acordos da SEC.

---

[136] KOEHLER, Mike. "The Facade of FCPA Enforcement". *Georgetown Journal of International Law*, vol. 41, n° 4, 2010, p. 997. Disponível em: https://papers. ssrn.com/sol3/papers.cfm?abstract_id=1705517&download=yes. Acessado em: 26.01.2023.

[137] KOEHLER. Mike. "The FCPA under the microscope". *University of Pennsylvania Journal of Business Law*, vol. 15, 2013, p. 16.

[138] KOEHLER, Mike. "The Facade of FCPA Enforcement". *Georgetown Journal of International Law*, vol. 41, n° 4, 2010, p. 909. Disponível em: https://papers. ssrn.com/sol3/papers.cfm?abstract_id=1705517&download=yes. Acessado em: 26.01.2023.

Na prática, na maioria dos casos, o FCPA significa exatamente o que afirmam o DOJ e a SEC – ou seja, a hipótese acusatória –, sem nenhum tipo de contestação. Essa característica do FCPA, lamentavelmente, espraiou-se para outras partes do mundo, de que é deplorável exemplo a Operação Lava Jato. Nela se utiliza a mesma técnica de *carrots and sticks*, de modo a obter a negociação penal sem comprovação efetiva das hipóteses acusatórias. Conforme se depreende do escândalo denominado "Vaza Jato", o procurador-chefe chegou a escrever que eles deveriam colocar as pessoas de joelho e oferecer a redenção.[139]

Em suma, o conceito transnacional do FCPA se metamorfoseou em um *anything goes*, um "vale tudo jurídico" que serve perfeitamente à estrategização do Direito operada pelo lawfare.

3.3.6 Criação de obstáculos à atuação de advogados que lutam contra arbitrariedades do Estado

Segundo Scott Horton,[140] o lawfare tem sido largamente aplicado para intimidar e silenciar advogados. Numa tática comum de regimes autoritários, os advogados são considerados simples extensões de seus clientes.

Exemplo claro desta tática de lawfare encontramos na grave situação de vulnerabilidade que vivenciaram os prisioneiros de Guantánamo, por vezes detidos sem qualquer prova de incriminação e submetidos a torturas e a tratamentos desumanos.

Políticas governamentais criavam, incessantemente, empecilhos para a representação legal dos prisioneiros com o claro objetivo

---

[139] Disponível em: https://theintercept.com/2019/08/29/lava-jato-vazamentos--imprensa/. Acessado em: 30.10.2019.

[140] HORTON, Scott. "The Dangers of Lawfare". *Case Western Reserve Journal of International Law*, vol. 43, 2010, p. 168.

CAPÍTULO III – TÁTICAS

de amesquinhar o direito de defesa. A este respeito David Luban argumenta que uma norma que proibia que os advogados compartilhassem "informações classificadas" com seus clientes era um grande obstáculo criado pelo Estado para o estabelecimento da confiança advogado-cliente.[141] Destaque-se que tais "informações classificadas" consistiam em simples dados relativos aos motivos da detenção do prisioneiro e outras informações básicas necessárias para a elaboração da defesa. Além disso, o acesso dos prisioneiros a telefones era proibido e os serviços de correspondência local, para além de lentos, eram frequentemente interceptados pelos agentes públicos.

Assim, não apenas eram criadas dificuldades práticas enormes e óbvias na preparação das defesas dos prisioneiros, como também se impossibilitava a concretização de uma relação de confiança entre advogado e cliente, contribuindo para a concretização do lawfare.

Tal tática de lawfare representa verdadeira afronta ao princípio n. 16 do *Basic Principles on the Role of Lawyers*, segundo o qual "os governos deverão assegurar que os advogados possam desempenhar todas as suas funções profissionais sem intimidações, obstáculos, coações ou interferências indevidas".

Para poderem desempenhar eficazmente os seus deveres profissionais, os advogados não só devem dispor de todas as garantias do devido processo garantido pelos direitos nacional e internacional, como também devem estar livres de pressões em relação aos juízes, procuradores e membros da imprensa. Uma administração justa e eficiente da justiça exige que os advogados possam trabalhar sem serem submetidos a qualquer tipo de intimidação.

Conforme Relatório Geral apresentado pelo Relator Especial sobre a independência de magistrados e advogados da ONU no ano de 2016, são necessários, no contexto atual, compromissos renovados

---

141 LUBAN, David. "Lawfare and Legal Ethics in Guantánamo". *Stanford Law Review*, vol. 60, 2008, p. 1994.

com os princípios de um Sistema de Justiça independente e imparcial para torná-los realidade. Todas as partes interessadas, incluindo as autoridades políticas, os membros do judiciário, os promotores de justiça e também os representantes da sociedade civil devem estar conscientes do papel dos advogados numa sociedade democrática e devem contribuir para respeitar e proteger sua independência, com a consciência de que estes desempenham papel fundamental na preservação dos direitos fundamentais dos cidadãos.

3.3.7 Propositura de ações judiciais para silenciar a liberdade de expressão e difundir o medo em quem pode opor-se publicamente ao lawfare

O medo gerado pelo ajuizamento de ações frívolas em face de ativistas, escritores, políticos e jornalistas que expõem crítica ou satiricamente as arbitrariedades cometidas no contexto do lawfare tem produzido efeitos profundamente deletérios em termos de liberdade de expressão.

Segundo Susan Tiefenbrun, esta tática de lawfare tem alcançado um considerável êxito no Canadá e na Europa, uma vez que seus sistemas judiciais e leis não oferecem aos seus cidadãos o mesmo nível de proteção de liberdade de expressão concedido pela Constituição dos Estados Unidos.[142]

No Brasil, os comunicadores sociais, jornalistas, blogueiros que levantam a voz contra o lawfare têm sido alvo de numerosas ações judiciais movidas pelos membros do Sistema de Justiça, das quais tem resultado a retirada de conteúdos, apreensão de materiais e multas elevadas, ferindo gravemente a liberdade de expressão.[143]

---

[142] TIEFENBRUN, Susan. "Semiotic Definition of Lawfare". *Case Western Reserve Journal of International Law*, vol. 43, 2010, pp. 54/55.

[143] Disponível em: http://midianinja.org/renatamielli/a-censura-no-brasil-veste--toga/.

CAPÍTULO III – TÁTICAS

3.3.8 Estados de exceção (criação de normas *ad hoc*)

Ao tratarmos das categorias contíguas ao lawfare, tivemos a oportunidade de elucidar o conceito de estado de exceção e inseri-lo entre as táticas da segunda dimensão do lawfare.

Com efeito, se não há uma norma jurídica em vigor prestante à guerra, cria-se uma *ad hoc*, mediante a técnica da exceção. Uma eloquente ilustração dessa – reprovável – tática ocorreu no âmbito da Operação Lava Jato, por meio de julgado proferido pelo Tribunal Regional Federal da 4ª Região, do qual foi relator o Desembargador Federal Rômulo Puzzollatti. No trecho a seguir reproduzido, o julgado reconheceu a possibilidade de um "tratamento excepcional":[144]

> Ora, é sabido que os processos e investigações criminais decorrentes da chamada "Operação Lava Jato", sob a direção do magistrado representado, constituem caso inédito (único, excepcional) no direito brasileiro. Em tais condições, neles haverá situações inéditas, que escaparão ao regramento genérico, destinado aos casos comuns. Assim, tendo o levantamento do sigilo das comunicações telefônicas de investigados na referida operação servido para preservá-la das sucessivas e notórias tentativas de obstrução, por parte daqueles, garantindo-se assim a futura aplicação da lei penal, é correto entender que o sigilo das comunicações telefônicas (Constituição, art. 5º, XII) pode, em casos excepcionais, ser suplantado pelo interesse geral na administração da justiça e na aplicação da lei penal. A ameaça permanente à continuidade das investigações da Operação Lava Jato, inclusive mediante sugestões de alterações na legislação,

---

[144] P.A. N. 0003021-32.2016.4.04.8000/RS – Corte Especial. Neste caso, não se pode deixar de saudar, sob pena de grave injustiça, o eminente Desembargador Federal Rogério Favreto, único membro da Corte Especial do Tribunal Regional Federal da 4ª Região que votou pela abertura de processo disciplinar contra o Juiz Federal Sérgio Moro.

constitui, sem dúvida, uma situação inédita, a merecer um tratamento excepcional.

Essa decisão consagrou, de maneira clara e irretorquível, um estado de exceção jurisdicional, permitindo que os agentes da Operação Lava Jato pudessem criar suas próprias normas ou, no contexto do lawfare, suas próprias armas.

3.4 Táticas correspondentes à terceira dimensão estratégica

Debrucemo-nos agora sobre as táticas correspondentes à terceira dimensão do lawfare, as quais, como já sabemos, objetivam criar um ambiente favorável ou aceitável para o uso das armas jurídicas contra o inimigo.

3.4.1 Manipulação de pautas mobilizadoras para iniciar a perseguição ao inimigo

A tática de manipular pautas mobilizadoras e, através da propaganda, conseguir sensibilizar a população sobre a necessidade de se destruir o inimigo, é prática comum em cenários de guerra.

David Galula[145] afirma que o insurgente não pode sequer pensar em travar uma batalha a menos que ele tenha um lema para atrair apoiadores entre a população. No entanto, destaca que a criação desse lema é fundamental apenas no início do conflito. À medida que a guerra se desenvolve a pauta original diminui a sua importância.

Uma das pautas de maior repercussão e com extraordinária capacidade de agregar apoio tanto midiático quanto popular é a

---

[145] GALULA, David. *Counterinsurgency Warfare*: theory and practice. Londres: Praeger Security International, 2006, pp. 8/9.

CAPÍTULO III – TÁTICAS

corrupção. As leis anticorrupção e suas investigações criam verdadeiros espetáculos através da mídia que fragilizam os acusados e criam o cenário perfeito para o lawfare.

No magistério de João Feres Júnior, é importante ressaltar que

> é na mídia que a corrupção se torna escândalo, ou seja, é por meio do agendamento e do enquadramento feitos pelos meios de comunicação que em conjunto de práticas e fatos é tornado público e formatado de maneira a constituir um produto, com narrativas próprias, personagens principais e um nome próprio, como, por exemplo, Mensalão, Trensalão, Aeroporto de Cláudio etc. O escândalo é um produto que a mídia constrói ao ajuntar em uma só narrativa, sob um mesmo nome próprio, miríades de informações, declarações, relatos, documentos, procedimentos judiciais, sempre produzidos por vozes autorizadas pelo próprio jornalismo.[146]

3.4.2 Promoção de desilusão popular: influência da opinião pública e utilização do Direito para fazer publicidade negativa

A tática da desilusão popular consiste em uma junção de forças entre os envolvidos na prática do lawfare para provocar a desilusão da população em relação ao inimigo eleito.

Recentemente, o Brasil foi condenado pela Corte Interamericana de Direitos Humanos por permitir a divulgação de gravações secretas de natureza pessoal. Em *Escher et al. v. Brazil*,[147] a decisão do Tribunal enfatizou a regra de que um juiz que autoriza a

---

[146] FERES JÚNIOR, João; SASSARA; Luna de Oliveira. "Corrupção, escândalos e a cobertura midiática da política". *Novos estudos CEBRAP*, vol. 35, nº 2, 2016, p. 208.

[147] *Escher et al. v. Brazil*, 06 de julho de 2009, Corte Interamericana de Direitos Humanos.

interceptação secreta do telefone de um indivíduo não pode, para fins políticos ou quaisquer outros, "autorizar" a divulgação das transcrições para a mídia.

O antropólogo John Gledhill argumenta que a tática de promover a desilusão popular é utilizada no Brasil de forma seletiva e foi determinante no processo que culminou no impeachment da Presidenta eleita Dilma Rousseff. Anteriormente à votação do impeachment, Gledhill afirmou:[148]

> o que estamos vendo no Brasil é a forma como a aplicação seletiva do que poderia ser descrito como "lawfare" está promovendo um clima de desilusão popular em que um governo democraticamente eleito pode ser removido do poder.

Assim, através da artificial criação de desilusão popular, os praticantes do lawfare passam a contar com o apoio da população, facilitando o ataque contra o adversário.

3.4.3 Escritórios de advocacia como alvos da guerra de informação

Como já dissemos, várias das técnicas aqui descritas vêm sendo continuamente utilizadas contra advogados. No caso brasileiro, verifica-se, com frequência, a criação de "forças-tarefas" e o uso de inteligência artificial pelos órgãos responsáveis pela persecução penal.

Além da assimetria entre o Estado e o investigado ou o réu, sobretudo em casos de maior repercussão, é preciso destacar, ainda, que os escritórios de advocacia estão atualmente sujeitos a diversos meios ilegítimos destinados à obtenção de dados e informações.

---

[148] GLEDHILL, John. *The Brazilian political crisis*. Disponível em https://john-gledhill.wordpress.com/2016/03/17/the-brazilian-political-crisis/.

CAPÍTULO III – TÁTICAS

A *American Bar Association* (Ordem dos Advogados dos EUA) fundou uma força-tarefa para orientar seus afiliados a se protegerem de ataques cibernéticos, nos seguintes termos:[149]

> (...) advogados tornaram-se "alvos" fáceis na busca por informações privilegiadas sobre fusões, patentes e outros acordos? Ao mesmo tempo, os escritórios de advocacia podem não apenas ser alvos fáceis, mas também atraentes – se é conhecido por ter uma grande base de clientes corporativos, um invasor pode ser atraído por eles, como uma abelha no mel. Embora os próprios clientes corporativos possam ter sofisticadas defesas de segurança de computadores, as defesas de seus escritórios de advocacia provavelmente são mais fracas. E uma vez dentro das defesas de um escritório de advocacia, o invasor provavelmente terá acesso a todas as informações de clientes do escritório.

A gravidade da situação levou o Federal Bureau of Investigations (FBI – Departamento de Polícia Federal dos EUA), em 2009, a emitir um alerta de que *hackers* estavam visando escritórios de advocacia dos Estados Unidos para subtrair informações confidenciais.[150] Eles estariam usando *spear phishing* ou *targeted socially engineered e-mail* para comprometer uma rede e ultrapassar as suas defesas tecnológicas.

Em outro caso de grave violação a escritórios, em Alexandria, Estado da Virginia, um escritório de advocacia denominado *Puckett & Faraj* estava trabalhando na defesa de militares de alta patente acusados de crimes de guerra (incluindo um da Marinha acusado de crimes de guerra no Iraque) quando foram *hackeados*

---

[149] RHODES, Jill D.; POLLEY, Vincent I. (Coord.). *The ABA cybersecurity handbook*: a resource for attorneys, law firms and business professionals. Chicago: American Bar Association, 2013.

[150] Disponível em: https://biglawbusiness.com/fbi-alert-warns-of-criminals-seeking-access-to-law-firm-networks.

pelo grupo *Anonymous*. No ataque cibernético foram acessados documentos jurídicos com detalhes sobre a estratégia de defesa e também correspondências confidenciais entre clientes e advogados de outros clientes e outros casos. Os *hackers* teriam obtido acesso às contas de *e-mail* do Google, pois o escritório não foi diligente na instalação de senhas fortes.

Na guerra de informação não há ética, nem se pode descuidar dos menores detalhes na segurança da informação. Advogados que lidam com casos de lawfare, assim como advogados em casos sensíveis vêm sendo vítimas de várias formas de *data breaches*, tais como subtração ou perda de instrumentos eletrônicos portáteis, como laptops, computadores, hard drives, pen drives, *back up tapes*, ou quaisquer outras mídias que contêm informação não criptografada. Mais de um terço de *data breaches* são resultado desse tipo de prática.

Mas o que dizer quando o monitoramento para antecipação de estratégia de defesa na *information warfare* vem do próprio Sistema de Justiça?

No caso Lula, a equipe de defesa técnica do ex-Presidente Lula da Silva, que envolve dois autores desta obra, foi monitorada pelo Juízo da Operação Lava Jato. Um dos sócios fundadores do escritório era considerado o principal advogado do caso, com informações estratégicas e privilegiadas da defesa. Em 20 de fevereiro de 2016, o então juiz Sergio Moro justificou a autorização para a vigilância em tempo real do advogado por ser notoriamente um amigo de longa data de Lula. Seis dias depois, os promotores concordaram com a justificativa e acrescentaram o fato de que esse advogado também agiu judicialmente em vários procedimentos para Lula e sua família.

Adicionalmente, após requerimento dos Procuradores da República, Moro autorizou a escuta telefônica do ramal telefônico principal do escritório de advocacia por 23 (vinte e três) dias – durante os quais cerca de 25 (vinte e cinco) dias advogados tiveram

CAPÍTULO III – TÁTICAS

conversas privilegiadas com centenas de clientes do escritório, incluindo o ex-presidente Lula. Os telefonemas em relação às estratégias de defesa naquele caso eram gravados e monitorados em tempo real pelos policiais, que faziam relatórios de todas chamadas telefônicas e as classificavam por ordem de importância. Moro e os Procuradores tinham pleno conhecimento de que o telefone fixo pertencia ao escritório de advocacia, exatamente porque estavam acompanhando em tempo real as conversas. Assim como em qualquer outro escritório no mundo, cada uma das chamadas monitoradas começa com o nome do escritório de advocacia devido a um padrão estabelecido para os funcionários. Moro e os Procuradores também foram devidamente alertados por duas cartas oficiais enviadas pela companhia telefônica e ainda assim decidiram manter a escuta ilegal.

Aproximadamente três anos após esse monitoramento ilegal, as mensagens trocadas indevidamente entre Moro e os Procuradores da Lava Jato via *telegram* – divulgadas pelo portal *The Intercept Brasil* e outros meios de comunicação no escândalo *Vaza Jato* (CarWash Leaks) – confirmaram todas as suspeitas. Atestou-se, além de tudo, que eles ouviram e tomaram notas de todas as conversas confidenciais entre advogados e o cliente, Lula, através da interceptação de telefones celulares. Por mais de um mês (de 19 de fevereiro a 16 de março de 2016), eles estiveram estruturando suas ações combinadas nos processos contra Lula com base na vigilância ilegal de sua equipe jurídica de defesa.

A partir dessa atuação ilegítima, os agentes da Lava Jato puderam monitorar todos os passos e a estratégia jurídica dos advogados de Lula durante um momento fundamental do processo – quando o Supremo Tribunal Federal estava definindo se o caso ficaria com o então juiz Sergio Moro ou não.

CAPÍTULO IV

ESTUDOS DE CASOS PARADIGMÁTICOS DE LAWFARE

A esta altura parece-nos importante ilustrar, a partir de casos paradigmáticos, o rico e complexo repertório conceitual oferecido ao longo da presente obra.

Assim, analisaremos dois exemplos eloquentes de lawfare político – o caso Ted Stevens e o caso Lula – e um de lawfare empresarial e geopolítico – o caso Siemens.

4.1 Caso Siemens

Um caso paradigmático de lawfare comercial e geopolítico é a operação "anticorrupção" contra a empresa Siemens Aktiengesellschaft, ocorrida entre 2006 e 2008. Orde F. Kittrie identifica o fenômeno de lawfare em relação à Siemens a partir da intensificação do embargo comercial decretado pelos Estados Unidos contra o Irã em 2006. É importante ressaltar que o diálogo entre Estados

Unidos e Irã é histórica e continuamente marcado por tensões e reprimendas provenientes de ambos os lados.[151]

Nesse sentido, Kittrie assevera que os Estados Unidos apresentaram, fundamentalmente, duas respostas ao Irã. Uma é a sabotagem (por meio da propagação de vírus de computador, por exemplo) e a outra se traduz na imposição de sanções, consubstanciadas em restrições econômicas, diplomáticas e, acima de tudo, em manifestações de lawfare. Afinal, tais sanções decorreram de um uso estratégico da lei para atingir fins geopolíticos, militares e comerciais. Nas palavras do autor supracitado:[152]

> As sanções impostas ao Irã nos últimos anos – por meio de resoluções do Conselho de Segurança da ONU vinculadas ao Direito Internacional e por meio de mudanças nas leis internas dos EUA, da União Europeia e de outros – foram particularmente deliberadas e, em muitos casos, criativas formas de lawfare. As sanções usam a lei em substituição aos meios militares tradicionais para promover um objetivo operacional – neste caso, interromper o programa nuclear ilícito do Irã.

Considerando que as sanções aplicadas no âmbito do Conselho de Segurança da ONU não foram consideradas suficientemente impactantes pelas autoridades estadunidenses, outros meios jurídicos foram estudados e concebidos para frustrar as ações iranianas. De acordo com os estudos de Kittrie, os EUA (i) promoviam ações estratégicas negociais no âmbito regional daquele país, incluindo desinvestimentos em fundos de pensão; (ii) pressionavam, mediante expedientes jurídicos, os bancos estrangeiros que negociavam com o Irã e empresas estrangeiras de energia que forneciam petróleo

---

[151] KITTRIE, Orde F. "Lawfare and U.S. National Security". *Case Western Reserve Journal of International Law*, vol. 43, 2010, p. 405.

[152] KITTRIE Orde F. "Lawfare and U.S. National Security". *Case Western Reserve Journal of International Law*, vol. 43, 2010, p. 404.

CAPÍTULO IV – ESTUDOS DE CASOS PARADIGMÁTICOS...

refinado ao Irã; e (iv) promoviam litígios judiciais estratégicos. Tais estratégias envolviam figuras expressivas de grandes empresas, corporações e instituições financeiras.

Convém relatarmos, ainda que brevemente, os dados mais relevantes do caso Siemens.

Segundo o Governo dos Estados Unidos, após os atentados de 11 de setembro de 2001, suas autoridades realizaram um intenso trabalho de investigação de transações bancárias internacionais com o intuito de encontrar operações de lavagem de dinheiro e de financiamento do terrorismo. Foi nesse contexto que o DOJ e a SEC (*Securities and Exchange Commission*) iniciaram as investigações contra a Siemens A.G., a qual, como é de geral conhecimento, figura entre as maiores empresas do mundo.

Por dois anos a empresa alemã foi alvo de inúmeras ações de persecução penal, sempre acompanhadas de denúncias na mídia, conforme se depreende da seguinte linha do tempo:[153]

2006

15 de novembro – Os procuradores afirmaram terem feito incursões em escritórios e residências de funcionários da Siemens como parte de uma investigação sobre suspeita de desvio de fundos. A Siemens disse que a investigação dizia respeito a seis indivíduos e uma quantia de dois dígitos de milhões de euros.

20 de novembro – Os procuradores afirmaram ter entrado nos escritórios do Presidente Klaus Kleinfeld. Ele era considerado uma testemunha em potencial, não um suspeito.

---

[153] REUTERS. "Timeline Siemens battles corruption scandal". *Reuters Staff*, 15 dez. 2008. Disponível em https://www.reuters.com/article/us-siemens-time-line/timeline-siemens-battles-corruption-scandal-idUSTRE4BE4ID20081215. Acessado em: 18.01.2023.

CRISTIANO Z. MARTINS, VALESKA T. Z. MARTINS & RAFAEL VALIM

22 de novembro – Os procuradores de Munique afirmaram que estavam investigando o desaparecimento de cerca de 200 milhões de euros (US$ 269,3 milhões) das contas da Siemens.

23 de novembro – A Siemens cria uma força-tarefa anticorrupção.

11 de dezembro – A Siemens reduz seu lucro líquido reportado em 2005/2006 em 73 milhões de euros em virtude do caso e contrata especialistas externos para examinar seus sistemas e regras de *compliance*.

12 de dezembro – A Siemens diz que está investigando mais de 420 milhões de euros em pagamentos duvidosos. Thomas Ganswindt, que dirigia os negócios de telecomunicações da Siemens, é preso.

15 de dezembro – O Observatório Anticorrupção *Transparency International* pede à Siemens que deixe a organização.

2007

3 de janeiro – Um promotor alemão diz que a Siemens está sendo investigada por possíveis abusos do programa de Petróleo por Alimentos das Nações Unidas no Iraque.

12 de janeiro – Os promotores de Munique dizem que o ex-Diretor Financeiro Heinz-Joachim Neubuerger foi interrogado como suspeito na investigação de propina.

25 de janeiro – O presidente Heinrich von Pierer, também ex-Presidente Executivo, retira-se de um comitê da Siemens que analisa questões de *compliance*.

2 de fevereiro – A Siemens diz que o Departamento de Justiça e a Comissão de Valores Mobiliários dos EUA estão investigando possíveis violações à lei dos EUA em conexão com o caso de corrupção.

CAPÍTULO IV – ESTUDOS DE CASOS PARADIGMÁTICOS...

14 de fevereiro – A Siemens diz que os procuradores de Nuremberg invadiram seus escritórios em Munique, Erlangen e Nuremberg ligados a supostos pagamentos suspeitos.

27 de março – Johannes Feldmayer, membro da Diretoria da Siemens, é preso por acusações de abuso de confiança, acusado de fazer pagamentos ilegais ao líder de uma associação de trabalhadores, como parte da investigação de Nuremberg. Posteriormente, ele deixa a empresa.

19 de abril – Von Pierer diz que renunciará ao cargo de presidente, mas nega qualquer responsabilidade pessoal no caso.

25 de abril – A Siemens nomeia o especialista em governança corporativa Gerhard Cromme como presidente. O presidente-executivo Klaus Kleinfeld anuncia sua renúncia, embora negue qualquer irregularidade.

14 de maio – Dois ex-gerentes são condenados por pagar subornos ilegais a gerentes da concessionária italiana Enel para ganhar contratos de turbinas entre 1999 e 2002.

20 de maio – Siemens nomeia o executivo da indústria farmacêutica Peter Loescher como novo presidente.

4 de outubro – Tribunal de Munique multou a Siemens em 201 milhões de euros por corrupção.

2008

24 de janeiro – A Assembléia Geral anual adia a votação da aprovação da performance de ex-executivos e de von Pierer. Cromme afirma que a Siemens iniciará negociações com a SEC nos EUA.

23 de abril – Erich Reinhardt, chefe do departamento de tecnologia médica, renuncia após o surgimento de atividades alegadas como suspeita em seus negócios.

30 de abril – Siemens aumenta os pagamentos duvidosos para 1,3 bilhões de euros.

9 de maio – Os procuradores de Munique dizem que não encontraram provas que justificassem acusações criminais contra von Pierer, mas que ele e outros ex-funcionários da empresa estão sendo investigados pelo crime administrativo de violação de suas obrigações de supervisão corporativa.

28 de julho – Um tribunal alemão determina a um ex-executivo da Siemens uma multa e dois anos de prisão com pena suspensa por seu papel na criação de caixa dois usado para ganhar.

29 de julho – A Siemens diz que planeja pedir indenização a onze ex-executivos do alto escalão, por não interromperem práticas ilegais.

5 de novembro – A Siemens diz que vai arcar com aproximadamente 1 bilhão de euros na tentativa de solucionar, por meio de um acordo, as acusações de suborno.

Nesse sentido, em 12 de dezembro de 2008, o DOJ, SEC, FBI, IRS (*Internal Revenue Services*, equivalente à Receita Federal norte-americana) e Procuradores de Munique anunciaram ter descoberto esquemas de corrupção sistêmica da Siemens que violariam o FCPA. Naquela oportunidade, os procuradores do DOJ convocaram uma coletiva de imprensa e anunciaram a apresentação de denúncia contra a Siemens por supostos esquemas de corrupção realizados na Ásia, África, Europa, Médio Oriente e América Latina. De acordo com os procuradores, as investigações teriam concluído que, entre 2001 e 2007, a empresa teria realizado pagamentos em torno de US$ 1,36 bilhão para angariar contratos internacionais na Argentina, Venezuela, Bangladesh e Irã.

Na mesma ocasião o Diretor Assistente do FBI encarregado do escritório de Washington, Joseph Persichini Jr., disse que a denúncia contra a

CAPÍTULO IV – ESTUDOS DE CASOS PARADIGMÁTICOS...

> Siemens e várias de suas empresas regionais reflete a dedicação do FBI em executar as disposições do FCPA. Resumindo, é um crime federal cidadãos e empresas dos EUA ou empresas negociando no mercado americano pagarem subornos em troca de negócios.

Disse ainda que o "FBI continuará ajudando seus parceiros policiais a garantir que as comunidades corporativas e de negócios não sejam manchadas por violações do tipo que estamos apresentando aqui".[154] Os parceiros policiais seriam autoridades policiais estrangeiras.

Notem que essa investigação teve início nos Estados Unidos e imediatamente atingiu repercussão mundial com a multiplicação global de investigações em outros países. Tudo enquanto a Siemens era investigada por ter violado o embargo dos EUA contra o Irã, confirmando o estudo realizado por Kittrie.

É importante ressaltar que, embora os supostos esquemas de corrupção da Siemens não tivessem ocorrido em território norte-americano, tampouco a Siemens tivesse sede naquele país, o DOJ reivindicou jurisdição parcial do caso visto que a empresa estava listada na Bolsa de Valores dos EUA desde 2001 e, consequentemente, estaria, em tese, sujeita ao FCPA, a demonstrar o caráter extraterritorial deste armamento.

Outro fator que merece ser destacado é que, embora os fatos descritos na acusação fossem relativos a subornos e propinas, a acusação criminal do DOJ versou tão-somente sobre violações e irregularidades sobre falta de controle ou violações na supervisão e conservação de informações nos registros ou livros contábeis, controles de auditoria, societários entre outros relativos a controle

---

[154] Disponível em: https://www.justice.gov/archive/opa/pr/2008/December/08-crm-1105.html.

CRISTIANO Z. MARTINS, VALESKA T. Z. MARTINS & RAFAEL VALIM

administrativo-financeiro empresarial, revelando a adoção da tática de *overcharging* vertical e horizontal.

Em 15 de dezembro de 2008, após negociações com o DOJ e a SEC, a Siemens, representando três de suas subsidiárias, concordou em se declarar culpada e pagar uma multa de aproximadamente US$ 1.6 bilhão para as autoridades norte-americanas e europeias. As multas que a empresa concordou em pagar chegaram a um total de US$ 450 milhões para o DOJ e US$ 350 milhões para a SEC, a Comissão de Valores Mobiliários dos Estados Unidos. Além disso, o acordo também fez com que a empresa se declarasse culpada perante o Tribunal Federal de Washington. O valor da multa da Siemens foi o mais alto a ser aplicado no âmbito do FCPA até aquele momento, dado que ultrapassou a marca de US$ 33 milhões do acordo anteriormente fechado pela empresa de atuação no ramo petrolífero, Baker Hughes. Na Alemanha, os procuradores alemães fecharam acordo com a Siemens e o Tribunal de Munique também condenou a empresa a pagar US$ 290 milhões. Ademais, em razão das investigações, a diretoria da empresa foi substituída.

O acordo do DOJ impunha várias penalidades à empresa Siemens, mas como em todos os acordos no âmbito do FCPA, há a imposição de contratação de um monitor independente para fins de supervisão nos controles internos e na governança corporativa. Durante o monitoramento a empresa tem o dever de divulgar às autoridades norte-americanas, de forma transparente e completa, todas suas estratégias financeiras, mercadológicas, concorrenciais, entre outras informações.

Além disso, o acordo da empresa com o DOJ restringiu-se à pessoa jurídica, o que não garantiu imunidade para executivos contra eventuais acusações individuais. Em vista disso, em 2011, o DOJ denunciou oito antigos executivos e funcionários da Siemens por conspiração, intenção de subornar, falsificação de livros corporativos e registros, adulteração de controles internos e fraudes em nome da empresa. A acusação afirmava que os executivos

CAPÍTULO IV – ESTUDOS DE CASOS PARADIGMÁTICOS...

teriam se comprometido a pagar US$ 100 milhões em propina para garantir um contrato de licitação de US$ 1 bilhão para fabricar novos modelos de cartões de identidade nacional na Argentina, no ano de 1998. Segundo o DOJ, o esquema só não teria ocorrido porque teria havido mudanças no órgão responsável pela licitação à época. As autoridades norte-americanas afirmaram que o mesmo esquema de suborno ocorreu em licitações semelhantes na Venezuela, Iraque e Bangladesh. Foi a primeira vez que um membro da Diretoria Executiva de uma multinacional foi processado por violações ao FCPA.

Andres Truppel, ex-CFO (*Chief Financial Officer* ou Diretor Financeiro) da Siemens Argentina, foi o primeiro dos executivos a fazer acordo e se declarar culpado. Em 2015, ele admitiu sua culpa perante o Tribunal Federal de Manhattan e afirmou que teria desempenhado papel significativo no pagamento de subornos entre 1994 a 2007.

No tocante à Herbert Steffe Diretor Executivo da Siemens Argentina, a ação movida pela SEC foi julgada improcedente, uma vez que a juíza do Tribunal de Manhattam entendeu que sua atuação não teria caráter de proximidade com as condutas alegadas como criminosas.

No que tange ao ex-membro do comitê executivo central da Siemens, Uriel Sharef, ele foi acusado de participação em esquema de pagamento de suborno pela empresa alemã a funcionários públicos argentinos em 2003. Ele foi processado tanto nos Estados Unidos quanto na Alemanha. Nos Estados Unidos o processo foi arquivado. Na Alemanha, o Tribunal de Munique absolveu Sharef em 2014, uma vez que os juízes não ficaram convencidos de seu envolvimento nos subornos. Em 2018, o ex-gerente Eberhard Reichert fez acordo e se declarou culpado perante o Tribunal de Manhattam depois de ser extraditado da Croácia para os EUA.

Corroborando o quanto foi relatado por O. Kitrie, a estratégia do lawfare contra a Siemens também foi implementada em nível regional no território norte-americano. Por exemplo, em 2009, políticos da Califórnia, ativistas e defensores dos direitos humanos (entre eles, a iraniana vencedora do prêmio Nobel da Paz, Shirin Ebaldi) clamaram aos membros do Conselho da Autoridade de Transporte Metropolitano de Los Angeles para que assinassem contrato de fornecimento de vagões com a Siemens, sob a justificativa de que a companhia teria participado de uma *joint venture* com a Nokia, no ano de 2008, a fim de vender ao governo iraniano equipamento de monitoramento que possibilitaria a interceptação de *e-mails*, chamados telefônicos e dados de *internet*.

Ante a comoção gerada pelo protesto, manifestou-se o porta-voz do então Prefeito de Los Angeles:

> O prefeito tem trabalhado para garantir que a cidade não invista em nenhuma companhia que mantém negócios com o Irã. Então, obviamente, qualquer conexão que a Siemens ou que qualquer outro potencial contratante venha a ter com o Irã será considerada pelo prefeito quando da assinatura de um contrato.

Forçoso colocar em evidência, nesse caso, o papel da sociedade civil e dos veículos de informação na estratégia de lawfare: cidadãos comuns, tendo em conta informações reprováveis a respeito da mencionada companhia – vale dizer, supostas interferências do Estado iraniano na privacidade de seus cidadãos jamais seriam vistas com bons olhos, sobretudo por comunidades ocidentais – atuaram no sentido de empregar as leis e o poder decisório dos órgãos locais com a finalidade de impor reprimendas a alvos determinados (diretamente à Siemens e, indiretamente, ao próprio Irã).

Vale reproduzir, ademais, a fala de Hadi Ghaemi, porta-voz da Campanha Internacional pelos Direitos Humanos no Irã à época dos fatos:

CAPÍTULO IV – ESTUDOS DE CASOS PARADIGMÁTICOS...

> O povo iraniano dentro do país e no exterior está extremamente preocupado que a Nokia e a Siemens tenham permitido que o governo iraniano realize as recentes repressões usando sua tecnologia. Eles estão contra-atacando com o pedido de um boicote.

E foi assim que, em janeiro de 2010, a Siemens anunciou publicamente que não iria negociar novos acordos comerciais com o governo do Irã.

Sem fazer qualquer juízo sobre a ocorrência ou não de atos ilícitos, ou mesmo da amplitude de atos ilícitos veiculados na versão acusatória, interessa-nos observar, secundando Kittrie, que *a deflagração das investigações no caso da Siemens foi motivada por claro interesses geopolíticos*. Por outro lado, *as acusações vagas e as táticas típicas de lawfare* praticadas por autoridades no âmbito do FCPA dificultam a análise das condutas supostamente corruptas.

Em síntese, fica evidente neste caso o uso de normas jurídicas, notadamente do FCPA, como armas para prejudicar alvos contrários aos interesses geopolíticos e comerciais dos EUA.

4.2 Caso Ted Stevens

Outro caso que merece a nossa atenção é o de Theodore R. Stevens, então Senador do Partido Republicano pelo Alaska (1923-2010). Stevens era um advogado, formado pela prestigiosa *Harvard Law School*, e também foi Procurador de Justiça do *Department of Justice* (DOJ). Na década de 60 atuou em defesa de povos originários do Alaska e ganhou notoriedade nas disputas de terras contra o governo, tendo vencido seis eleições como Senador.

Entre 2003 e 2007, Stevens ocupou a Presidência do Senado, uma posição que o colocou como terceiro da linha de sucessão presidencial dos Estados Unidos, ficando apenas atrás do Vice-Presidente. Stevens era muito reconhecido e respeitado, não apenas

CRISTIANO Z. MARTINS, VALESKA T. Z. MARTINS & RAFAEL VALIM

entre Republicanos, mas também entre Democratas. Foi o Senador Republicano com mais tempo de serviço prestado ao Senado. Em 2000, recebeu o prêmio cidadão do século do Alaska.

Stevens era amigo do proprietário e CEO da VECO, empresa no ramo de construção, atuando inclusive no setor de *oil and gas* no estado do Alaska. Se de um lado a VECO era uma construtora muito bem-sucedida no Alaska, em outro vértice o seu dono Bill Allen era suspeito de fazer doações secretas para políticos do Alaska por meio da mencionada empresa. Por este motivo, em 2006, Allen passou a ser investigado pelo FBI por corrupção e aceitou fazer um acordo de "cooperação".[155] Em troca de sua "cooperação", Allen teve seu tempo de prisão reduzido, vendeu sua empresa por 350 milhões de dólares e conquistou imunidade processual para seus filhos.[156] No tocante a VECO, a empresa também ganhou imunidade, pois isto era crucial para sua alienação. Entretanto, os procuradores inseriram uma cláusula contratual no acordo de alienação, o que se denomina um *kicker* (vantagem), pelo qual 70 milhões de dólares do valor da venda seriam retidos pela empresa compradora (CH2M Hill) se Allen não continuasse cooperando com o governo norte-americano.

Essa cláusula fazia sentido para a empresa compradora na medida em que, se o Governo Americano acusasse a VECO, esta provavelmente estaria fadada à falência e a CH2M Hill, por consequência, perderia centenas de milhões de dólares. Dessa forma, a CH2M Hill forçava Allen a sempre cooperar com o Governo. Na realidade, "cooperar" na maioria das vezes era um eufemismo para testemunhar, seguindo um script, relatando o que o Governo deseja, independentemente realidade ou da verdade dos fatos. Essas cooperações sempre são acompanhadas de "incentivos" dos mais variados.

---

[155] CARY, Rob. *Not Guilty*: the Unlawful Prosecution of U.S. Senator Ted Stevens. Washington: Thomson Reuters, 2014, pp. 16/17.

[156] CARY, Rob. *Not Guilty*: the Unlawful Prosecution of U.S. Senator Ted Stevens. Washington: Thomson Reuters, 2014, p. 197.

CAPÍTULO IV – ESTUDOS DE CASOS PARADIGMÁTICOS...

Nesse mesmo período de 2006, rumores na imprensa já indicavam a predisposição dos Procuradores do DOJ de implicar o então Senador Stevens por uma reforma que eles tinham convicção de que supostamente teria custado mais do que Stevens e sua esposa haviam pago.

Então, após 2 anos de suspeitas e muitas convicções, em julho de 2008, Stevens foi denunciado criminalmente por Procuradores do DOJ sob a alegação de que não teria observado regras do Código Federal de Conduta Ética dos Estados Unidos da América. Naquela ocasião, os Procuradores fizeram uma coletiva de imprensa ao vivo para anunciar a acusação criminal do Senador,[157] afirmando que este havia recebido "presentes" por seis anos sem declará-los e "recebido" do empresário Bill Allen, dono da empresa VECO, do ramo do petróleo, uma reforma no valor de 200 mil de dólares em seu chalé no Alaska.

Contrariando a lei, em agosto de 2008, um mês antes de começar o júri, o Departamento de Justiça adotou a tática de não permitir a defesa ter acesso a todas as provas do caso.[158] Os advogados de defesa, ao seu turno, insistentemente solicitavam acesso, entretanto sem nenhum sucesso.

Mesmo sem nenhum acesso as provas obtidas pela acusação, a defesa de Stevens conseguiu provar que a esposa de Stevens foi a responsável pelos pagamentos da reforma e que o casal Stevens havia obtido financiamento bancário, no valor total de 160 mil dólares para arcar com os custos da reforma,[159] tendo inclusive hipotecado sua residência em Washington D.C.

---

[157] CARY, Rob. *Not guilty*: the unlawful prosecution of U.S. Senator Ted Stevens. Washington: Thomson Reuters, 2014, p. 194.

[158] CARY, Rob. *Not guilty*: the unlawful prosecution of U.S. Senator Ted Stevens. Washington: Thomson Reuters, 2014, p. 76.

[159] CARY, Rob. *Not guilty*: the unlawful prosecution of U.S. Senator Ted Stevens. Washington: Thomson Reuters, 2014, p. 190.

No entanto, os procuradores de acusação ignoraram as provas de inocência apresentadas pela defesa. Vejam, eles já haviam fechado um acordo de cooperação com Allen para culpar Stevens e garantir a sua condenação.[160] Segundo o advogado de Stevens, no início das investigações a procuradora responsável pelo caso, Brenda Morris, chegou a oferecer uma proposta de acordo para Stevens nos seguintes termos: *"ele se declara culpado e eu garanto que ele não vai receber nenhum ano de prisão"*.[161] No entanto, Stevens rejeitou o acordo e reiteradamente afirmou que não havia praticado nenhum crime.

A narrativa criada pelos procuradores contra Ted Stevens chega a um dos momentos mais tensos do processo quando estes resolveram utilizar um bilhete enviado por Stevens a Allen, no qual o primeiro explica que a amizade não deve ser considerada e solicita que a reforma seja feita de forma ética. Com base neste recado criou-se a tese de que Stevens estava tentando acobertar-se, no que ficou conhecido como o episódio *cover his ass* ("cobrir o seu traseiro"). Embora Persons, pessoa que levou o bilhete a Allen, tenha testemunhado a favor de Stevens, o bilhete, que era, naturalmente, uma prova de inocência de Stevens, foi transformada em prova de culpa pela acusação.

Nesta empreitada, Allen testemunhou em juízo afirmando que o bilhete acima era a prova da culpa e que na realidade Stevens estava mandando um recado velado para que ele desse a aparência de legalidade à operação. Com vistas a reforçar a tese assumida como verdade, os Procuradores assumiram postura extremamente agressiva durante o julgamento.

---

[160] CARY, Rob. *Not guilty*: the unlawful prosecution of U.S. Senator Ted Stevens. Washington: Thomson Reuters, 2014, p. 191.

[161] CARY, Rob. *Not guilty*: the unlawful prosecution of U.S. Senator Ted Stevens. Washington: Thomson Reuters, 2014, p. 48.

CAPÍTULO IV – ESTUDOS DE CASOS PARADIGMÁTICOS...

O advogado de defesa de Stevens assim descreveu o episódio:[162]

> Os promotores do caso de Stevens sugeriram que a declaração de desinteresse era parte da campanha dele de "cobrir seu traseiro". Os promotores queriam que o júri acreditasse que o senador se importava tão profundamente com as aparências que ele criou um documento falso afirmando que não estava interessado nela. Na visão distorcida do governo, nós vivemos no País das Maravilhas onde tudo significou o oposto do que ele disse: sim significava não, para cima é para baixo – e a prova da inocência virou uma prova de culpa (tradução livre).

Aquela situação se arrastava nos Tribunais, onde todos os detalhes eram discutidos à exaustão, e tudo era noticiado na mídia de forma deturpada. Neste cenário, em outubro de 2008, um mês antes das eleições, Stevens foi condenado por ter violado o Código Federal de Ética.

Ocorre que, em dezembro de 2008, o agente especial do FBI Chad Joy decidiu participar do programa *whistleblower*[163] e denunciou a atuação de Procuradores do Departamento de Justiça Norte-Americano (DOJ) no caso de Stevens. Chad informou que provas favoráveis à defesa de Stevens haviam sido ocultadas. O juiz do caso, Emmet Gael Sullivan, determinou que os Procuradores entregassem todas as provas e documentos relativos ao caso Stevens para o Juízo e para a defesa até 30 de janeiro de 2009. Nesse dia, os Procuradores entregaram as provas tão somente ao juízo tendo recusado realizar a entrega à defesa. Diante disso, os Procuradores

---

[162] CARY, Rob. *Not guilty*: the unlawful prosecution of U.S. Senator Ted Stevens. Washington: Thomson Reuters, 2014, p. 215.

[163] A tradução literal significa "assoprador de apito". Essa figura do direito norte-americano refere-se à pessoa que espontaneamente reporta informações a autoridade sobre um ato ilícito praticado.

responsáveis pela condução do caso foram afastados tendo uma nova equipe prontamente assumido o caso.

A partir desse momento, a nova equipe de Procuradores começou a dar acesso para a defesa dos documentos e *e-mails* trocados pela equipe anterior. Após acessar a vasta documentação, a defesa constatou que a fala de Bill Allen do *"cover his ass"*, durante o julgamento, foi arquitetada pelos antigos Procuradores.

Conforme consta nos documentos do caso, aos procuradores, Rocky Williams, um dos coordenadores da reforma feita no imóvel de Ted Stevens, teria dito acreditar que os valores referentes ao pagamento dos serviços prestados por ele e pelo restante dos empregados da VECO atuantes na obra, teria sido incluído por Allan nos valores pagos pelo senador e sua esposa à outra empresa que participou conjuntamente do trabalho, a empresa "Christensen Builders". No entanto, na documentação apresentada pela acusação em juízo apenas constava que a testemunha teria afirmado não saber se Stevens teria pagado pelos serviços.

Com efeito, mais tarde, evidenciou-se que, antes do julgamento, Williams teria passado por uma simulação de *"cross-examination"* – ou seja, uma simulação da inquirição que seria feito pela defesa do senador – onde teria sido conduzido facilmente pelo procurador, tendo um desempenho potencialmente prejudicial à acusação e favorável à defesa.

Após a simulação não satisfatória, os procuradores teriam começado coincidentemente a demonstrar uma preocupação com a saúde da testemunha que era ruim e estava deteriorando, sendo que, na semana do julgamento, decidiram enviá-la unilateralmente de volta ao Alaska sob a justificativa de necessidade de tratamento médico.

Williams nunca mais retornou à Washington após tal episódio, e seu depoimento jamais foi coletado no processo. Ele morreu em

CAPÍTULO IV – ESTUDOS DE CASOS PARADIGMÁTICOS...

dezembro de 2008, apenas 3 meses após o julgamento, aparentemente por doença hepática grave.[164]

Em abril de 2009, o Procurador-Geral anunciou que a acusação seria descontinuada, pois concluíram que informações relevantes não foram dadas à defesa por ocasião do julgamento. O juiz Sullivan marcou uma audiência para anular a condenação e em abril de 2009 Stevens foi absolvido.[165] Nessa mesma oportunidade, o juiz que presidiu o caso *United States v. Stevens*, Emmet G. Sullivan solicitou uma investigação sobre a conduta dos Procuradores do caso tendo nomeado um advogado especial do Juízo para conduzir a referida investigação sobre eventuais práticas jurídicas corruptas pelo DOJ. Em 14 de Novembro de 2011, após dois anos de investigação, revisão de aproximadamente 128 mil documentos, Henry F. Schuelke III (advogado nomeado pelo Juiz Emmet G.) apresentou um relatório de quinhentas páginas em Juízo sobre a investigação do FBI e a atuação dos procuradores do DOJ. A investigação concluiu e comprovou que foram utilizadas práticas jurídicas corruptas durante o julgamento. Esse relatório abalou o mundo jurídico nos Estados Unidos, sendo considerado até os dias atuais um dos maiores casos de violação das *Brady Rules*, ou seja, a obrigação do Estado de apresentar provas de inocência para a defesa dos acusados (*Brady v. Maryland*, 1963).

Contudo, em agosto de 2010, Stevens, parte de sua família e amigos morreram em um acidente aéreo no Alaska. De acordo com a ex-Procuradora Sidney Powell,[166] os TAWS (*Terrain Awareness Warning System*) que permitiriam percepção áudio visual do terreno haviam sido "inibidos" ou desabilitados. Não havia gravação de

---

[164] Disponível em: https://www.upi.com/Top_News/2009/01/01/Rocky-Williams-Stevens-case-witness-dies/95861230831328/?st_rec=4828499669200&ur3=1.

[165] CARY, Rob. *Not guilty*: the unlawful prosecution of U.S. Senator Ted Stevens. Washington: Thomson Reuters, 2014, pp. 302 e 321.

[166] POWELL, Sidney. *Licensed to lie*: exposing corruption in the Department of Justice. Dallas: Brown Books, 2014, p. 3.

voz da cabine do avião e foram realizadas três autópsias no piloto para tentar descobrir se havia alguma razão que justificasse o acidente. Nada foi encontrado.

Aproximadamente após seis meses do acidente aéreo que matou o antigo Senador Ted Stevens, seus filhos e amigos, o Procurador-Chefe do DOJ do caso *United States v. Stevens*, Nicholas Marsh, de 37 anos, suicidou-se em sua casa em Nova Iorque.

O advogado de Stevens afirma que é inegável que a condenação ilegal do Senador modificou a correlação de forças no Senado e garantiu mais votos para os Democratas. Ele acredita que esse desequilíbrio pode ter ajudado a passar o *Obama Care*, um projeto de Lei do Governo Obama que disciplinou o sistema de saúde pública daquele país.

No mesmo sentido, a ex-Procuradora norte-americana Sidney Powell, em seu livro *Licensed to lie*, no qual descreve os bastidores do Departamento de Justiça em vários casos, afirma que o processo e a condenação de Stevens arruinaram a carreira política do Senador Republicano,[167] indicando que a atuação dos Procuradores foi proposital. A ex-Procuradora denuncia que o caso Stevens foi elaborado e fabricado ilegalmente para promover o desequilíbrio do poder Republicano no Senado Norte-Americano. Powell afirma que o caso Stevens é só mais um entre vários processos criminais criados por um grupo de Procuradores do alto escalão do Departamento de Justiça dos Estados Unidos com interesses em poder e política. Eles usariam o aparato judicial e suporte financeiro que o Estado lhes garante para destruir a reputação de pessoas e de empresas.

Durante sessão no Senado dos Estados Unidos da América, quando o relatório de Schuelke foi analisado, o Senador Charles Grassley (R-IA) ponderou o seguinte sobre eventual manipulação

---

[167] POWELL, Sidney. *Licensed to lie*: exposing corruption in the Department of Justice. Dallas: Brown Books, 2014, pp. 4-10.

CAPÍTULO IV – ESTUDOS DE CASOS PARADIGMÁTICOS...

estratégica do direito durante a persecução penal com possíveis fins eleitorais:

> Em seu famoso discurso intitulado "O procurador federal", o então procurador-geral e mais tarde Ministro de Justiça Jackson disse: "O promotor tem mais controle sobre a vida, liberdade e reputação do que qualquer outra pessoa na América. Embora o promotor seja o melhor das forças mais benéficas da nossa sociedade, quando ele age por malícia ou por outros motivos básicos, ele é um dos piores". Obviamente, palavras adequadas para a audiência de hoje, quando examinamos a conduta dos promotores do Departamento de Justiça, em um esforço para entender o que deu errado na acusação de Ted Stevens. A acusação do governo ao senador Stevens foi indiscutivelmente o caso de maior destaque já apresentado pela Seção de Integridade Pública – Seção do Departamento de Justiça de Washington, DC. Isso teve consequências muito além do veredito de culpa do júri e impactou as eleições no Senado em 2008. Embora todos os casos criminais devam ser tratados com o máximo profissionalismo, casos desse nível de importância e publicidade, em que as eleições podem ser influenciadas, devem ser exemplos do que há de melhor no Departamento de Justiça. Eles devem ter os melhores promotores, melhores agentes e devem ser a peça central do sistema de justiça criminal da América.

Nesse caso, fica nítida a utilização estratégica do Direito para prejudicar um inimigo. Os Procuradores do caso escolheram a jurisdição de Washington, apesar de todos os fatos e pessoas envolvidas serem do Estado do Alaska. A legislação adotada dizia respeito à corrupção e ética, arma preferida no lawfare, já que a mera suspeita de corrupção tem o condão de afastar aliados, isolando o inimigo no campo de batalha tropas. Em terceiro lugar, as externalidades foram amplamente usadas através da mídia, que reportava exaustivamente todas as suspeitas e discussões sobre o caso.

De todo modo, é curioso observar que, neste caso, todos os envolvidos destacam a atuação imparcial do magistrado à frente do julgamento, o que, aliás, permitiu a posterior absolvição do Senador norte-americano.

Tal qual o Caso Lula, a acusação de Stevens utilizou-se das mesmas estratégias e táticas multidimensionais da guerra jurídica, ou seja, o lawfare. Aliás, faz-se necessário ressaltar que há muita semelhança entre ambos os casos, mesmos estrategistas de acusação, descrição de fatos quase idênticas, como se depreendera melhor no capítulo específico sobre o caso Lula.

Por fim, infelizmente, ao pesquisar informações sobre o caso do Senador Ted Stevens, sobretudo em ferramentas de busca na internet, verifica-se que os primeiros resultados mostram notícias relacionadas ao período de investigação e de condenação do Senador. As notícias sobre a absolvição são escassas, aparecem em segundo plano e em um nível bem inferior se comparadas ao da cobertura da investigação. A importância que a mídia deu ao caso ainda em sede de investigação determinou a culpabilização do Senador, quem, mesmo após a absolvição, continua sendo considerado culpado por parte da sociedade norte-americana, demonstrando a violência da má-utilização do direito através de verdadeiros assassinatos de reputações.

4.3 Caso Lula

O cerco judicial imposto ao ex-presidente Lula no âmbito do que se chamou "Operação Lava Jato" é um dos mais claros exemplos atuais da prática do lawfare para fins políticos, geopolíticos e comerciais. Diversos fatores nos levam a essa conclusão.

Em primeiro lugar, é claríssima a escolha de uma jurisdição favorável a partir de critérios artificiais. Com efeito, não foi por acaso e nem seguindo os critérios legais que as principais investigações contra Lula e, posteriormente, as principais ações penais

CAPÍTULO IV – ESTUDOS DE CASOS PARADIGMÁTICOS...

instauradas contra ele – inclusive aquela que o levou à prisão – tenham tido origem na 13ª. Vara Federal Criminal de Curitiba, onde estava lotado o então juiz federal Sérgio Moro.

O Estado do Paraná tem 450 quilômetros de fronteira com o Paraguai e a Argentina, além de fronteira com outros três Estados. Locais de tríplice fronteira são alvo de especial atenção dos Estados Unidos sob a justificativa do combate ao terrorismo e a organizações criminosas. Desde a década de 90 os norte-americanos atuam diretamente nessa região, compartilhando informações e conhecimentos obtidos por seus serviços de inteligência e, também, realizando treinamento e o recrutamento de agentes públicos e de agentes privados.

O treinamento de agentes pelos norte-americanos alcança juízes e promotores. O *Wikileaks*, que tem divulgado documentos confidenciais e de interesse público de governos e de empresas, revelou, por exemplo, a realização de um curso em 2009, na cidade do Rio de Janeiro, dirigido a juízes e promotores do Brasil e da América Latina. Um dos participantes do evento foi o ex-juiz federal Sergio Fernando Moro, conforme o registro que consta no banco de dados daquela entidade:[168]

> O juiz Sergio Moro discutiu os 15 problemas mais comuns que ele em casos de lavagem de dinheiro nos tribunais brasileiros. Os apresentadores discutiram vários aspectos sobre a investigação e acusação de financiamento e dinheiro ilícitos casos de lavagem de dinheiro, incluindo acordos internacionais formais e informais de cooperação, confisco de bens, métodos de prova, pirâmide esquemas, negociação de fundamentos, uso do exame direto como ferramenta e sugestões sobre como lidar com organizações

---

[168] Disponível em: https://wikileaks.org/plusd/cables/09BRASILIA1282_a.html. Acessado em: 28.09.2019.

não-governamentais Organizações (ONGs) suspeitas de serem usadas para fins ilícitos financiamento.

Moro também teve intenso contato com autoridades norte-americanas no período em que participou da ENCLA – Estratégia Nacional de Combate à Corrupção e à Lavagem de Dinheiro, projeto criado durante o governo Lula que envolvia diversas autoridades nacionais e estrangeiras. Esse fórum tinha a participação de todos os órgãos de fiscalização e de persecução penal no âmbito federal, além da participação de entidades estrangeiras como a OCDE – Organização para a Cooperação e Desenvolvimento Econômico.

Como já afirmamos, é fato incontroverso que a Agência Nacional de Segurança dos Estados Unidos (NSA) espionou a Petrobras e dezenas de autoridades brasileiras do primeiro escalão da República. Essa espionagem se tornou pública em 2013, a partir das revelações de Edward Snowden. Ou seja, é possível concluir que os Estados Unidos recolheram dados do Brasil a partir de uma espionagem e, após uma seleção – sem um critério conhecido – fizeram a entrega do material a Procuradores da República da Força Tarefa da Lava Jato por meio de uma "cooperação informal". Pela comemoração dos procuradores norte-americanos na data em que foi emitida a primeira sentença condenatória contra Lula, comprovada por vídeos anexados aos processos judiciais, também é possível concluir que a perseguição ao ex-presidente foi uma das condições impostas pelos Estados Unidos em troca dessa "cooperação informal" e da ajuda para a "construção" do caso, como disseram à época tais autoridades estrangeiras.

É nesse cenário que o ex-juiz Sergio Moro, conhecido das autoridades norte-americanas como demonstrado acima, entra em cena nas investigações e processos contra Lula.

É preciso abrir um parêntese a fim de esclarecer que a legislação brasileira prevê critérios para a fixação ou a modificação da competência – vale dizer, para a parcela de poder conferida a cada

CAPÍTULO IV – ESTUDOS DE CASOS PARADIGMÁTICOS...

órgão jurisdicional no país. Como regra, é competente o juiz ou o órgão jurisdicional onde teria ocorrido o suposto crime (art. 69 do Código de Processo Penal). Não há, porém, qualquer fato ocorrido em Curitiba nas acusações formuladas pela Lava Jato do Paraná contra Lula. É verdade que o Supremo Tribunal Federal, em uma interpretação elástica da lei, definiu em setembro de 2015 (Questão de Ordem no Inquérito n. 4.130) que investigações e ações relacionadas à Petrobras deveriam ser conduzidas pela 13ª. Vara Federal Criminal de Curitiba. Todavia, jamais houve demonstração real de que qualquer valor oriundo da Petrobras tivesse sido destinado a Lula, como sempre afirmamos nas petições que foram juntadas aos processos. Tanto é que o próprio ex-juiz Sergio Moro, ao julgar o último recurso interposto no "caso do triplex" (embargos de declaração contra a sentença), reconheceu essa situação.[169]

A despeito de tudo, Moro aceitou ser escolhido para presidir as ações penais e para decidir medidas cautelares requeridas pela Lava Jato de Curitiba contra Lula. E foi além: atuou intensamente para preservar essa indevida competência por meio de defesas escritas, medidas manifestamente ilegais, como o monitoramento de advogados,[170] e também por iniciativas que até recentemente permaneciam ocultas e que foram reveladas pelo portal *The Intercept* e por outros veículos de imprensa no escândalo denominado de "Vaza Jato".[171] Referidas publicações mostraram, entre outras coisas, que: (*i*) as investigações contra Lula foram iniciadas pelo

---

[169] Eis o trecho que consta na decisão proferida em 18 de julho 2017 nos autos da Ação Penal n. 5046512-94.2016.4.04.7000/PR ("caso triplex") pelo então juiz Sergio Fernando Moro no julgamento de embargos de declaração opostos pela Defesa do ex-presidente Luiz Inácio Lula da Silva: "este Juízo jamais afirmou, na sentença ou em lugar algum, que os valores obtidos pela Construtora OAS nos contratos com a Petrobrás foram utilizados para pagamento da vantagem indevida para o ex-Presidente".

[170] Disponível em: https://www.conjur.com.br/2016-mar-17/25-advogados-escritorio-defende-lula-foram-grampeados. Acessado em: 05.10.2019.

[171] Disponível em: https://theintercept.com/series/mensagens-lava-jato/. Acessado em: 05.10.2019.

CRISTIANO Z. MARTINS, VALESKA T. Z. MARTINS & RAFAEL VALIM

próprio ex-juiz Sergio Moro, quem solicitou ao procurador Dallagnol que ouvisse uma "fonte" para inaugurar oficialmente os atos de persecução;[172] (*ii*) a própria Força Tarefa da Lava Jato tinha consciência de que não dispunha de qualquer elemento real para acusar Lula no "caso do triplex"; (*iii*) Moro orientou os Procuradores da Lava Jato a atacarem a defesa de Lula no curso do processo;[173] (*iv*) reservadamente, os procuradores da Lava Jato reconheciam que Moro violava o "sistema acusatório", que não permite a concentração das funções de acusar e de julgar;[174] (*v*) Moro coordenava e orientava as principais iniciativas do Ministério Público Federal contra Lula;[175] (*vi*) os procuradores da Lava Jato acessavam sem ordem judicial dados fiscais relativos a pessoas ligadas a Lula.[176]

Configurada, pois, a primeira dimensão do lawfare no caso concreto, vale dizer, a escolha da jurisdição mais favorável – que no caso de Lula era, verdadeiramente, uma jurisdição já comprometida com sua condenação.

Sob a ótica da segunda dimensão do lawfare, ou seja, a escolha das normas jurídicas a serem empregadas como armas, a Lava Jato decidiu investigar e processar Lula com base na Lei de

---

172 "Não é muito tempo sem operação?" *The Intercept*, 09 de junho de 2019. Disponível em: https://theintercept.com/2019/06/09/chat-moro-deltan-telegram-lava-jato/. Acessado em: 29.07.2019.

173 "A Defesa já fez o showzinho dela". *The Intercept*, 14 de junho de 2019. Disponível em: https://theintercept.com/2019/06/14/sergio-moro-enquanto-julgava-lula-sugeriu-a-lava-jato-emitir-uma-nota-oficial-contra-a-defesa-eles-acataram-e-pautaram-a-imprensa/. Acessado em: 29.07.2019.

174 "Moro sempre viola o sistema acusatório". *The Intercept*, 29 de junho de 2019. Disponível em: https://theintercept.com/2019/06/29/chats-violacoes-moro-credibilidade-bolsonaro/. Acessado em: 29.07.2019.

175 "Não é muito tempo sem operação?" *The Intercept*, 9 de junho de 2019. Disponível em: https://theintercept.com/2019/06/09/chat-moro-deltan-telegram-lava-jato/. Acessado em: 29.07.2019.

176 "Olhada Informal" *The Intercept*, 18 de agosto de 2019. Disponível em: https://theintercept.com/2019/08/18/lava-jato-dados-sigilosos-chefe-coaf/. Acessado em: 29.07.2019.

CAPÍTULO IV – ESTUDOS DE CASOS PARADIGMÁTICOS...

Organização Criminosa (Lei n. 12.850/2013) e em disposições legais que tratam de corrupção (art. 317 do Código Penal) e lavagem de dinheiro (Lei n. 9.613/99). Com isso, buscou obter as seguintes vantagens na guerra jurídica desenvolvida contra Lula: (*i*) uso de delações premiadas celebradas com pessoas presas ou na iminência de serem presas e que, nessa condição, estão dispostas a apresentar qualquer narrativa para se livrar do suplício, mesmo que sabidamente inverídicas; (*ii*) manejo de conceitos jurídicos elásticos; (*iii*) tentativa de estigmatização do ex-presidente com base em alegações de condutas de alta reprovabilidade social, especialmente para políticos e pessoas públicas.

Paralelamente, houve uma intensa campanha midiática promovida pela própria Lava Jato contra Lula, atendendo a terceira dimensão do lawfare, as chamadas *externalidades*.

De fato, desde 2015 a imprensa, alimentada pelos membros da Lava Jato, passou a publicar diversas hipóteses acusatórias contra Lula, buscando associá-lo sobretudo aos ilícitos praticados no âmbito da Petrobras. Em 04 de março de 2016, Lula foi submetido a uma condução coercitiva,[177] entre outras medidas cautelares. O episódio, amplamente fotografado e acompanhado pela mídia, teve o claro objetivo de criar um clima artificial de culpa para Lula: o ex-presidente sendo levado de sua residência, em São Bernardo do Campo, pela Polícia Federal, em um carro da instituição, para prestar depoimento em uma sala no Aeroporto de Congonhas, situado na cidade de São Paulo.

Posteriormente, ocorreu um dos mais escabrosos atos de toda a perseguição contra Lula: a convocação e a realização de uma entrevista coletiva pelos procuradores da República da Força Tarefa da Lava Jato, com auxílio de um *PowerPoint*, na data em que foi

---

177 A condução coercitiva foi declarada inconstitucional para investigados pelo Supremo Tribunal Federal no julgamento das ADPFs 395 e 444, realizado em 14 de junho de 2018.

protocolizada a primeira denúncia contra o ex-presidente na Justiça Federal de Curitiba. Referido *PowerPoint* continha diversas setas que apontavam Lula, no centro, como "comandante máximo" de uma organização criminosa. Como demonstramos na defesa apresentada naquela ação, tal exibição pública é incompatível com a garantia constitucional da presunção de inocência, que somente pode ser afastada no Brasil se houver uma decisão condenatória contra a qual não caiba qualquer recurso. Além disso, os procuradores da República da Força Tarefa da Lava Jato do Paraná sequer tinham autoridade para atribuir a Lula tais imputações, uma vez que o assunto era objeto de investigação específica em curso perante o Supremo Tribunal Federal a pedido da Procuradoria Geral da República – como viria a ser reconhecido em livro publicado pelo Procurador-Geral da República da época.[178]

---

[178] O ex-Procurador-Geral da República Rodrigo Janot descreveu os fatos da seguinte forma no livro *Nada menos que tudo* (JANOT, Rodrigo. *Nada menos que tudo*: bastidores da operação que colocou o sistema político em xeque. São Paulo: Planeta, 2019, p. 182 e seguintes): "em setembro de 2016, pouco depois de denunciar Lula, a quem classificou como chefe de organização criminosa, por corrupção passiva e lavagem de dinheiro, Deltan Dallagnol pediu uma reunião comigo, em Brasília. Vieram ele e outros procuradores da força-tarefa, entre eles Januário Paludo, Roberson Pozzobon, Antônio Carlos Welter e Júlio Carlos Motta Noronha. Quando entraram na minha sala, eu disse para mim mesmo: Lá vem problema. Toda vez que vinham em grupo, e não um ou dois, era indicativo de algo grave. Daquela vez não foi diferente. Dallagnol e os demais colegas tinham vindo cobrar uma inversão da minha pauta de trabalho. Eles queriam que eu denunciasse imediatamente o ex-presidente Lula por organização criminosa, nem que para isso tivesse que deixar em segundo plano outras denúncias em estágio mais avançado. Naquele momento, eu tinha quatro denúncias a formular: duas contra o PMDB (uma da Câmara, outra do Senado), uma contra o PT e outra contra o PP. (...)

'Precisamos que você inverta a ordem das denúncias e coloque a do PT primeiro', disse Dallagnol, logo no início da reunião.

(...)

'Não, eu não vou inverter. Vou seguir meu critério. A que estiver mais evoluída pela frente. Não tem razão para eu mudar essa ordem. Por que eu deveria fazer isso?', respondi.

CAPÍTULO IV – ESTUDOS DE CASOS PARADIGMÁTICOS...

Ou seja, sob os mais diversos enfoques, é possível constatar que

Paludo disse, então, que eu teria que denunciar o PT e o Lula logo, porque, se não fosse assim, a denúncia apresentada por eles contra o ex-presidente por corrupção passiva e lavagem de dinheiro ficaria descoberta. Pela lei, a acusação por lavagem depende de um crime antecedente, no caso, organização criminosa. Ou seja, eu teria que acusar o ex-presidente e outros políticos do PT com foro no Supremo Tribunal Federal em Brasília para dar lastro à denúncia apresentada por eles ao juiz Sergio Moro em Curitiba. Isso era o que daria base jurídica para o crime de lavagem de dinheiro contra Lula.

'Sem a sua denúncia a gente perde o crime por lavagem', disse o procurador.

O problema era delicado. Na fase inicial das investigações sobre Lula e o triplex, eu pedira ao ministro Teori Zavascki o compartilhamento dos documentos obtidos no nosso inquérito sobre organização criminosa relacionada ao PT com a força-tarefa. Eles haviam me pedido para ter acesso ao material e eu prontamente atendera. Na decisão, o ministro deixou claro que eles poderiam usar os documentos, mas não poderiam tratar de organização criminosa, porque o caso já era alvo de um inquérito no STF, o qual tinha como relator o próprio Teori Zavascki e cujas investigações eram conduzidas por mim.

Ora, e o que Dallagnol fez? Sem qualquer consulta prévia a mim ou à minha equipe, acusou Lula de lavar dinheiro desviado de uma organização criminosa por ele chefiada. Lula era o 'grande general', o 'comandante máximo de uma organização criminosa', como o procurador dizia na entrevista coletiva convocada para explicar, diante de um PowerPoint, a denúncia contra o ex-presidente. No PowerPoint, tudo convergia para Lula, que seria o chefe de uma organização criminosa formada por deputados, senadores e outros políticos com foro no STF.

'Se você não fizer a denúncia, a gente perde a lavagem', reforçou Dallagnol, logo após a fala de Paludo.

'Eu não vou fazer isso!', repeti.

'Você está querendo interferir no nosso trabalho!', exclamou Dallagnol, aparentemente irritado.

'Eu não quero interferir no trabalho de vocês. Ao que parece, vocês é que querem interferir no meu. Quando houve o compartilhamento da prova, o ministro Teori excluiu expressamente a possibilidade de vocês investigarem e denunciarem o Lula por crime de organização criminosa, que seguia no Supremo. E vocês fizeram isso. Vocês desobedeceram à ordem do ministro e colocaram como crime precedente organização criminosa. Eu não tenho o que fazer com isso', eu disse.

Eu estava bastante chateado com as pressões, diretas ou veladas, de Curitiba sobre o nosso trabalho e, naquele momento, era hora de botar os pingos nos is. Enquanto falava, eu exibia uma cópia da decisão do ministro, a mesma decisão que já tinha sido encaminhada a eles no compartilhamento de provas.

aquele espetáculo midiático conduzido por Deltan Dallagnol e por outros procuradores da República com o auxílio de um *PowerPoint* jamais poderia ter ocorrido. Mas ele era importante para o lawfare contra Lula, já que buscava aniquilar, à partida, a presunção de inocência assegurada pela Constituição Federal brasileira.

Ao longo dos processos nenhuma prova de culpa contra Lula foi produzida pela acusação; as provas de inocência apresentadas foram desprezadas – inclusive documentos comprovando que 100% do valor econômico-financeiro do "triplex" havia sido alienado pela construtora do empreendimento a um fundo gerido pela Caixa Econômica Federal. Moro impediu a realização de qualquer prova pericial (técnica) objetivando realizar o *follow the money* ("seguir o dinheiro"), como é usualmente realizado na apuração de crimes de natureza financeira. O então juiz impedia o ingresso nos autos de qualquer prova que pudesse favorecer as teses defensivas de Lula.

O resultado concreto é que Lula foi detido e impedido de concorrer nas eleições presidenciais de 2018 a partir de uma condenação pré-estabelecida. Tudo o que foi dito no comunicado individual apresentado em julho de 2016 ao Comitê da ONU, em petição subscrita por dois dos subscritores deste livro – Cristiano Zanin Martins e Valeska Teixeira Zanin Martins – e ainda por Geoffrey Robserton (QC) acabou se materializando. Foi o primeiro comunicado individual realizado àquela Corte Internacional por um cidadão brasileiro. Até mesmo uma medida liminar (*interim measure*) concedida pelo Comitê da ONU em 17 de agosto de 2018 e reafirmada em 10 de setembro de 2019 para assegurar a

---

(...)

'O problema não é meu. O problema é de vocês. Vocês fizeram isso sem me consultar, sem obedecer à determinação do ministro Teori. E agora sou eu que tenho que resolver o problema de vocês? Não faço isso de forma alguma!', eu disse.

(...)".

CAPÍTULO IV – ESTUDOS DE CASOS PARADIGMÁTICOS...

participação de Lula nas eleições de 2018 até que houvesse um "processo justo" foi desprezada pelo Estado Brasileiro.

A condenação e a prisão de Lula estão ligadas, de um lado, a fatores políticos internos. Elas viabilizaram a ascensão e a eleição de um projeto político que dificilmente conseguiria se viabilizar em um cenário diverso. E o principal responsável pela condenação e prisão de Lula, o ex-juiz Sérgio Moro, tornou-se um relevante ator desse extravagante cenário político.

Por outro lado, a condenação e a prisão de Lula, assim como todo o desgaste do universo político representado pelo ex-presidente, permitiram que a Petrobras e, consequentemente, todos os ativos por ela detidos, notadamente em relação ao chamado "Pré-Sal", pudessem ser oferecidos ao mercado internacional. Foram esvaziados os marcos regulatórios da atividade petrolífera estabelecidos durante o governo Lula.

Os pormenores e as vilanias inerentes aos processos contra o ex-presidente Lula serão tratados em obra autônoma. Para este trabalho, é relevante destacar que o uso perverso de tais processos e das leis contra Lula viabilizou resultados políticos e geopolíticos que não seriam alcançados pelas vias tradicionais. Por isso e pela relevância do caso, entendemos que o caso do ex-presidente Lula é um dos maiores exemplos de lawfare na atualidade.

A TÍTULO DE CONCLUSÃO

UM PONTO DE PARTIDA

Com esta obra lançamos as bases de uma *teoria* sobre o fenômeno do lawfare. Não reivindicamos a *verdade* sobre o tema, senão que procuramos formular uma visão própria, autêntica e, em larga medida, inédita de um assunto central para as democracias constitucionais contemporâneas.

O lawfare – sob as perspectivas teórica e prática – impõe grandes dificuldades, a começar pela pluralidade de conhecimentos exigidos para compreendê-lo e detê-lo. Aquele que se limitar a uma abordagem meramente dogmático-jurídica do fenômeno seguramente fracassará em termos teóricos e práticos.

Ao longo deste trabalho cremos que deixamos suficientemente claro que o lawfare é uma questão grave e que, por essa razão, merece um tratamento sério e consequente. O seu rebaixamento a um mero instrumento retórico, ainda que motivado por boas intenções, é tão prejudicial quanto o ceticismo ou o preconceito com que ainda é visto por alguns.

Neste exato momento inúmeras pessoas, em todos os continentes, são vítimas de uma guerra difusa, não declarada, mas igualmente mortal. Esperamos que este livro contribua para o desvelamento desse estado de coisas tétrico, no qual, a título de "combater" a corrupção, o terrorismo, entre outras bandeiras "louváveis", destrói-se o Direito e os direitos.

Há ainda muito a ser dito e nas próximas edições deste livro ampliaremos nossas reflexões sobre o lawfare. Esperamos contar com a companhia das leitoras e dos leitores nesta extraordinária e desafiadora jornada.

REFERÊNCIAS BIBLIOGRÁFICAS

AGACCI, Matheus. "O *overcharging* no processo penal brasileiro". *Migalhas*, 20 set. 2019. Disponível em: https://www.migalhas.com.br/dePeso/16,MI311225,31047-O+overcharging+no+processo+penal+brasileiro. Acessado em: 18.01.2023.

AGAMBEN, Giorgio. *Estado de exceção*. 2ª ed. São Paulo: Boitempo, 2004.

ANDRADE NETO, João. "Participante ou observador? uma escolha entre duas perspectivas metodológicas de estudo e aplicação do Direito". *Revista Direito GV*, vol. 12, nº 3, 2016.

BADARÓ, Gustavo Henrique. *Processo Penal*. 4ª ed. São Paulo: Revista dos Tribunais, 2016.

BANDEIRA DE MELLO, Celso Antônio. *Curso de Direito Administrativo*. 34ª ed. São Paulo: Malheiros, 2019.

BASILIEN-GAINCHE, Marie-Laure. *État de droit et états d'exception*: une conception de l'État. Paris: PUF, 2013.

BEAUFRE, André. *Introduction a la stratégie*. Paris: Librairie Armand Colin, 1963.

BIELSA, Rafael; PERETTI, Pedro. *Lawfare*: guerra judicial-mediática. Buenos Aires: Ariel, 2019.

BOBBIO, Norberto; MATTEUCCI, Nicola; PASQUINO, Gianfranco (Coord.). *Dicionário de política*. 13ª ed. vol. 1. Brasília: Editora Universidade de Brasília, 2010.

BURROWS, Megan. *Information Warfare: what and how?* Disponível em: https://www.cs.cmu.edu/~burnsm/InfoWarfare.html. Acessado em: 18.01.2023.

CARLSON, John; YEOMANS, Neville. "Whither Goeth the Law: Humanity or Barbarity". *In*: SMITH, Margareth; CROSSLEY, David. *The way out*: radical alternatives in Australia. Melbourne: Lansdowne Press, 1975. Disponível em: http://www.laceweb.org.au/whi.htm. Acessado em: 03.09.2019.

CARRIÓ, Genaro. *Notas sobre derecho y lenguaje*. 3ª ed. Buenos Aires: Abeledo-Perrot, 1986.

CARTER, Phillip. "Legal combat: are enemies waging war in our courts?" *Slate*, 4 abr. 2005. Disponível em: https://slate.com/news-and-politics/2005/04/legal-combat.html. Acessado em: 03.09.2019.

CARY, Rob. *Not guilty*: the unlawful prosecution of U.S. Senator Ted Stevens. Washington: Thomson Reuters, 2014.

CLAUSEWITZ, Carl von. *Da guerra*. 3ª ed. São Paulo: Martins Fontes, 2014.

COHEN, Paul H.; PAPALASKARIS, Angela M. *International Corruption*. 2ª ed. Londres: Sweet & Maxwell, 2018.

COMAROFF, John L. "Colonialism, culture, and the law: a foreword". *Law & Social Inquiry*, vol. 26, 2001.

COMAROFF, John L.; COMAROFF, Jean. "Law and disorder in postcolony". *Social Anthropology/Anthropologie Sociale*, vol. 15, 2007.

COOKE, Nicole A. *Fake News and Alternative facts*: Information Literacy in Post-truth Era. Chicago: LA Editions, 2018.

CROSS, Frank. "Judicial Independence". *In*: WHITTINGTON, Keith E.; KELEMEN, Daniel R.; CALDEIRA, Gregory A. (Coord.). *The Oxford Handbook of Law and Politics*. Oxford: Oxford University Press: 2008.

DAUGHERTY, William E. *A Psychological warfare casebook*. Baltimore: John Hopkins Press, 1958.

DESPORTES, Vincent. "La stratégie en theories". *Politique étrangère*, 2014.

DUNLAP JR., Charles J. "Does Lawfare Need an Apologia?" *Case Western Reserve Journal of International Law*, vol. 43, 2010.

REFERÊNCIAS BIBLIOGRÁFICAS

_____. "Law and Military Interventions: Preserving Humanitarian Values in 21st Century Conflicts". *Working Paper*. Cambridge (Mass.), Harvard University, John F. Kennedy School of Government, 2001.

_____. "Lawfare Today: a Perspective". *Yale Journal of International Affairs*, 2008.

FENWICH, Helen; PHILLIPSON, Gavin. *Media Freedom under the Human Rights Act*. Nova York: Oxford University Press, 2006.

FERES JÚNIOR, João; SASSARA; Luna de Oliveira. "Corrupção, escândalos e a cobertura midiática da política". *Novos estudos CEBRAP*, vol. 35, nº 2, 2016.

FERNANDES, António Horta. *O Homo estrategicus ou a ilusão de uma razão estratégica?* Lisboa: Edições Cosmos, 1998.

FERRAJOLI, Luigi. *A democracia através dos direitos*: o constitucionalismo garantista como modelo teórico e como projeto político. São Paulo: Revista dos Tribunais, 2015.

_____. *Razones jurídicas del pacifismo*. Madri: Editorial Trotta, 2004.

FRAGOSO, Rodrigo. "*Overcharging*: a prática de exagerar nas acusações". *InfoMoney*, 16 ago. 2018. Disponível em: https://www.infomoney.com. br/colunistas/crimes-financeiros/overcharging-a-pratica-de-exagerar-nas-acusacoes/. Acessado em: 18.01.2023.

FRANCISCO. *Discurso del Santo Padre Franscisco en la Cumbre de Jueces Panamericanos sobre derechos sociales y doctrina fransciscana*. Disponível em: http://w2.vatican.va/content/francesco/es/speeches/2019/june/documents/papa-francesco_20190604_giudici-panamericani. html?fbclid=IwAR1u0b1OogQqzfCylPYbSr13S-_mz_clj4Jtc DjMEbsDOTpFzs_3jFLkcDY. Acessado em: 03.09.2019.

FRANÇOIS, Raul. *Acerca do conceito de estratégia*. Lisboa: IDN, 1984.

GALULA, David. *Counterinsurgency Warfare*: theory and practice. Londres: Praeger Security International, 2006.

GLOPPEN, Siri. "Conceptualizing Lawfare". *Center on Law and Social Transformation*, 2017. Disponível em: https://www.academia. edu/35608212/Conceptualizing_Lawfare_A_Typology_and_Theoretical_ Framwork. Acessado em: 03.09.2019.

GORDON, Neve. "Human Rights as a Security Threat: Lawfare and the campaign against Human Rights NGOs". *Law & Society Review*, vol. 48, nº 2, 2014.

GOUPY, Marie. *L'état d'exception ou l'impussaince autoritaire de l'État à l'époque du libéralisme*. Paris: CNRS Éditions, 2016.

GRAY, Colin S. *Theory of strategy*. Oxford: Oxford University Press, 2018.

HANDMAKER, J. D. "Researching legal mobilisation and lawfare". *ISS Working Papers – General Series*, nº 641. Disponível em: http://hdl.handle.net/1765/115129. Acessado em: 03.09.2019.

HART, Herbert L. A. *O conceito de Direito*. 5ª ed. Lisboa: Fundação Calouste Gulbenkian, 2007.

HOBBES, Thomas. *Leviatã*. 3ª ed. São Paulo: Martins Fontes, 2014.

HOLEINDRE, Jean-Vincent. "La pensée stratégique à l'épreuve de la guerre totale. De Clausewitz à Liddell Hart". *Éthique, politique, religions*, nº 10, 2017.

HORTON, Scott. "The Dangers of Lawfare". *Case Western Reserve Journal of International Law*, vol. 43, 2010.

HOUNET, Yazid ben. "Lawfare: pourquoi il faut prendre Jean-Luc Mélenchon au sérieux". *Libération*, 24 set. 2019. Disponível em: https://www.liberation.fr/debats/2019/09/24/lawfare-pourquoi-il-faut-prendre-jean-luc-melenchon-au-serieux_1753110. Acessado em: 24.09.2019.

HUGHES, David. "What Does Lawfare Mean?" *Fordham International Law Journal*, nº 40, 2016.

IAP. "Prosecutorial Guidelines for Cases of Concurrent Jurisdiction: Making the Decision – Which Jurisdiction Should Prosecute". *International Association of Prosecutors*. Disponível em: https://www.iap-association.org/IAP/media/IAP-Folder/IAP_Guidelines_Cases_of_Concurrent_Jurisdiction_FINAL.pdf. Acessado em: 18.01.2023.

ISRAËL, Liora. *L'arme du droit*. Paris: Presses de Sciences Po, 2009.

JANOT, Rodrigo. *Nada menos que tudo*: bastidores da operação que colocou o sistema político em xeque. São Paulo: Planeta, 2019.

JOWETT, Garth S.; O'DONNELL, Victoria. *Propaganda and Persuasion*. 5ª ed. Los Angeles: SAGE Publications, 2012.

KELSEN, Hans. *A paz pelo direito*. São Paulo: Martins Fontes, 2011.

KENNEDY, David. *Of War and War*. Princeton: Princeton University Press, 2006.

REFERÊNCIAS BIBLIOGRÁFICAS

KIRCHHEIMER, Otto. *Political justice*: the use of legal procedure for political ends. Princeton: Princeton University Press, 1961.

KITTRIE Orde F. "Lawfare and U.S. National Security". *Case Western Reserve Journal of International Law*, vol. 43, 2010.

KITTRIE, Orde F. *Lawfare*: law as a weapon of war. Oxford: Oxford University Press, 2016.

KNIGHTLEY, Phillip. *The first casualty*: from the Crimea to Vietnam – the war correspondent as hero, propagandist, and myth maker. Nova York: Harcourt, Brace Jovanovich, 1975.

KOEHLER, Mike. "The Facade of FCPA Enforcement". *Georgetown Journal of International Law*, vol. 41, n° 4, 2010.

KORYBKO, Andrew. *Guerras Híbridas*: das revoluções coloridas aos golpes. São Paulo: Expressão Popular, 2018.

LACOSTE, Yes. *A geografia*: isso serve, em primeiro lugar, para fazer a guerra. 19ª ed. Campinas: Papirus, 2012.

LE ROUX, Michelle; DAVIS, Dennis. *Lawfare*: Judging politics in South Africa. Johannesburg: Jonathan Ball Publishers, 2019.

LIANG, Qiao; XIANGSUI, Wang. *Unrestricted warfare*. Beijing: PLA Literature and Arts Publishing House, 1999.

LIBICKI, Martin C. *What is Information Warfare?* Washington: National Defense University, 1995.

LIPPKE, Richard L. *The ethics of plea bargaining*. Oxford: Oxford University Press, 2011.

LUBAN, David J.; O'SULLIVAN, Julie R.; STEWART, David P.; JAIN, Neha. *International and Transnational Criminal Law*. Nova York: Wolters Kluwer, 2019.

MacDONALD, Scot. *Propaganda and Information Warfare in the twenty-first century*: altered images and deception operations. Londres: Routledge. 2007.

MARAVALL, José María. "Rule of Law as a political weapon". *In*: MARAVALL, José María; PRZEWORSKI, Adam (Coord.). *Democracy and the Rule of Law*. Cambridge: Cambridge University Press, 2003.

NOONE, Gregory P. "Lawfare or Strategic Communications". *Case Western Reserve Journal of International Law*, vol. 43, 2010.

NOVAES, Adauto (Coord.). *Ética*. São Paulo: Companhia das Letras, 2007.

OLIVEIRA, João José; SCHINCARIOL, Juliana. "Embraer faz acordos de US$ 206 milhões com autoridades de Brasil e EUA". *Valor*, 24 out. 2016. Disponível em: https://www.valor.com.br/node/4754063. Acessado em: 18.01.2023.

ORWELL, George. *1984*. Nova York: Harcourt, 1977.

PAYE, Jean-Claude. *La fin de l'État de droit*: la lutte antiterroriste, de l'état d'exception à la dictadure. Paris: La Dispute, 2004.

POWELL, Sidney. *Licensed to lie*: exposing corruption in the Department of Justice. Dallas: Brown Books, 2014.

RECHSTEINER, Beat Walter. *Direito Internacional Privado*: teoria e prática. 18ª ed. São Paulo: Saraiva, 2016.

REUTERS. "Timeline Siemens battles corruption scandal". *Reuters Staff*, 15 dez. 2008. Disponível em https://www.reuters.com/article/us-siemens-timeline/timeline-siemens-battles-corruption-scandal-idUSTRE4BE4ID20081215. Acessado em: 18.01.2023.

ROBERTSON, Geoffrey; NICOL, Andrew. *Media Law*. 5ª ed. Thomson: Sweet & Maxwell, 2007.

SAINT-BONNET, François. "L'état d'exception et la qualification juridique". *Cahiers de la recherche sur les droits fondamentaux*, nº 6, 2008.

SAINT-PIERRE, Héctor Luis; VITELLI, Marina Gisela (Coord.). *Dicionário de segurança e defesa*. São Paulo: Editora Unesp, Imprensa Oficial do Estado de São Paulo, 2018.

SCHAUER, Frederick. "Exceptions". *The University of Chicago Law Review*, Chicago, vol. 58, nº 3, 1991.

SCHMITT, Carl. *La notion de politique*. Paris: Flammarion, 1992.

_____. *Political theology*: four chapters on the concept of sovereignty. Chicago: University of Chicago Press, 2005.

SERRANO, Pedro Estevam Alves Pinto. *Autoritarismo e golpes na América Latina*: breve ensaio sobre jurisdição e exceção. São Paulo: Alameda, 2016.

SPALDING, Andrew Brady. "Unwitting sanctions: understanding anti-bribery legislation as economic sanctions against emerging markets". *Florida Law Review*, 2009.

REFERÊNCIAS BIBLIOGRÁFICAS

STRECK, Lenio Luiz. *Verdade e consenso*: Constituição, hermenêutica e teorias discursivas. 6ª ed. São Paulo: Saraiva, 2017.

TIEFENBRUN, Susan. "Semiotic Definition of Lawfare". *Case Western Reserve Journal of International Law*, vol. 43, 2010.

TZU, Sun. *A arte da guerra*. 24ª ed. São Paulo: Record, 2001.

VALIM, Rafael. *A subvenção no Direito Administrativo brasileiro*. São Paulo: Contracorrente, 2015.

_____. *Estado de exceção*: a forma jurídica do neoliberalismo. São Paulo: Contracorrente, 2017.

_____. *O princípio da segurança jurídica no Direito Administrativo brasileiro*. São Paulo: Malheiros, 2010.

VALIM, Rafael; COLANTUONO, Pablo Ángel Gutiérrez. "O enfrentamento da corrupção nos limites do Estado de Direito". *In*: ZANIN MARTINS, Cristiano; ZANIN MARTINS, Valeska Teixeira; VALIM, Rafael (Coord.). *O Caso Lula*: a luta pela afirmação dos direitos fundamentais no Brasil. São Paulo: Contracorrente, 2017.

WEISSMAN, Andrew; SMITH, Alixandra. "Restoring Balance, proposed amendments to Foreign Corrupt Practices Act. U.S". *The FCPA Blog*, 2011. Disponível em: http://www.fcpablog.com/blog2011/4/8/jj-joinew-new-top-ten.html. Acessado em: 26.01.2023.

WERNER, Wouter G. "The Curious Career of Lawfare". *Case Western Reserve Journal of International Law*, nº 43-2, 2010.

ZAFFARONI, E. Raúl. *O inimigo no Direito Penal*. 2ª ed. Rio de Janeiro: Revan, 2007.

ANEXO
ACERVO FOTOGRÁFICO

Procuradores Americanos falam sobre o caso Siemens, em Washington.

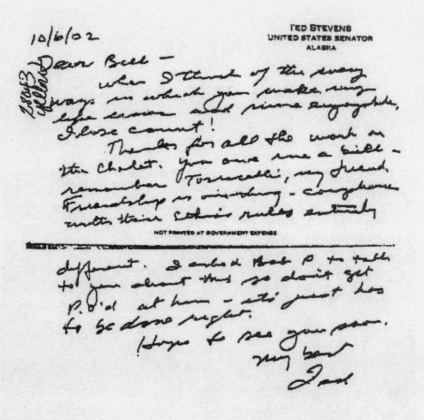

Carta de Ted Stevens.

ANEXO – ACERVO FOTOGRÁFICO

Esta modesta casa, a 40 milhas de Anchorage, era a residência oficial do senador Ted Stevens e constituía o objeto do processo criminal contra ele.

O ex-juiz Sérgio Moro cumprimenta Jair Bolsonaro.

Coletiva de imprensa em frente à sede da Polícia Federal, em Curitiba.

Cristiano Zanin Martins durante o julgamento de embargos de declaração do ex-presidente Lula, perante a 8ª Turma do Tribunal Regional Federal da 4ª Região (TRF4).

ANEXO – ACERVO FOTOGRÁFICO

Cristiano Zanin Martins se dirige ao presidente da Segunda Turma, Min. Ricardo Lewandowski, durante sessão no Supremo Tribunal Federal (STF).

Foto aérea mostra os pedalinhos comprados por Marisa Letícia para o sítio de Atibaia, segundo a denúncia do Ministério Público.

Audiência do caso Lula.

Prof. Luigi Ferrajoli e Cristiano Zanin Martins, em Roma.

ANEXO – ACERVO FOTOGRÁFICO

Os advogados Cristiano Zanin Martins e Geoffrey Robertson em frente ao *Palais Wilson*, por ocasião do protocolo do comunicado referente ao caso Lula.

Valeska Teixeira Zanin Martins e Cristiano Zanin Martins em debate na ONU sobre a situação dos direitos humanos no Brasil.

Reunião durante a viagem no trem *New York* sentido *Washington*, momentos antes da reunião com acadêmicos e juristas na *The George Washingon University* sobre o caso Lula.

Reunião com integrantes da *American Federation of Labor and Congress of Industrial Organizations* (AFL-CIO), em Washington.

ANEXO – ACERVO FOTOGRÁFICO

Cristiano Zanin Martins e Valeska Teixeira Zanin Martins durante encontro com autoridades italianas na Câmara dos Deputados, em Roma, para discutir o caso Lula.

Cristiano Zanin Martins e Valeska Teixeira Zanin Martins, em frente ao escritório de Geoffrey Robertson.

Cristiano Zanin Martins e Valeska Teixeira Zanin Martins durante coletiva de imprensa sobre o caso Lula.

Foto do Edifício *Solaris Guarujá* juntada nos autos da ação penal sobre o triplex do Guarujá.

ANEXO – ACERVO FOTOGRÁFICO

Rafael Valim, Valeska Teixeira Zanin Martins e Maria José Fariñas Dulce durante debate na ONU, em Genebra, sobre a situação dos direitos humanos no Brasil.

Reunião com acadêmicos e juristas sobre o caso Lula na *The George Washington University*.

CRISTIANO Z. MARTINS, VALESKA T. Z. MARTINS & RAFAEL VALIM

Viagem no trem *New York* sentido *Washington*, momentos antes da reunião com acadêmicos e juristas na *The George Washingon University*.

Reunião com o Prof. Luigi Ferrajoli sobre o caso Lula.

ANEXO – ACERVO FOTOGRÁFICO

Cristiano Zanin Martins participa de debate na ONU, em Genebra, sobre a situação dos direitos humanos no Brasil.

A Editora Contracorrente se preocupa com todos os detalhes de suas obras! Aos curiosos, informamos que este livro foi impresso no mês de janeiro de 2023, em papel Pólen Natural 80g, pela Gráfica Copiart.